대한민국 법령 시리즈 251.

공인노무사법

법령
시행령
시행규칙

해광출판사

머리말

이 책은 방대한 법전을 보지 않고 간편하게 해당되는 법령만 참고해서 볼 수 있도록 하였습니다. 공공기관이나 관련 종사자들이 쉽고 간편하게 대한 법령을 참조 할 수 있도록 하였습니다.

특히 해당법률은 물론 관련 시행령, 시행규칙을 함께 실어 관련법을 서로 참고할 수 있게 하였습니다.

법률이라는 것이 크든 작든 항상 변하는 관계로, 출간 이후의 정확하고 최신의 법률은 법제처 국가법령정보센터에서 확인이 가능하니 법률의 실제 적용 시 확인이 필요한 점 유의하기를 바랍니다.

편집부

* 수록 법률은 법제처 국가법령정보센터에서 확인 가능합니다.
* 발행일 기준 시행 법률이므로 최신 법령은 위 센터에서 볼 수 있습니다.
* 본 책자에 수록된 법률의 문구에 대하여 법적인 효력은 없으며,
  실제 적용 법률은 위 센터에서 최신의 법률로 확인하시기 바랍니다.
* 해당 법령과 함께 시행령, 시행규칙도 수록되어 있습니다.
* 발행일 기준으로 개정 예정 법률은 밑줄로 별도 표시되어 있으며,
  보다 정확한 것은 법제처에서 확인하기 바랍니다.

목차

**개정 예정 법률 밑줄 별도 표시.

공인노무사법

[시행 2020. 7. 30.] [법률 제16895호, 2020. 1. 29., 일부개정]

제1조(목적) 이 법은 공인노무사 제도를 확립하여 노동 및 사회보험 관계 업무의 원활한 운영을 꾀하고 사업 또는 사업장의 자율적인 노무관리를 도모함으로써 근로자의 복지 증진과 기업의 건전한 발전에 이바지함을 목적으로 한다. 〈개정 2020. 1. 29.〉

[전문개정 2007. 8. 3.]

제2조(직무의 범위) ① 공인노무사는 다음 각 호의 직무를 수행한다. 〈개정 2020. 1. 29.〉

1. 노동 관계 법령에 따라 관계 기관에 대하여 행하는 신고 · 신청 · 보고 · 진술 · 청구(이의신청 · 심사청구 및 심판청구를 포함한다) 및 권리 구제 등의 대행 또는 대리

2. 노동 관계 법령에 따른 서류의 작성과 확인

3. 노동 관계 법령과 노무관리에 관한 상담 · 지도

4. 「근로기준법」을 적용받는 사업이나 사업장에 대한 노무관리진단

5. 「노동조합 및 노동관계조정법」 제52조에서 정한 사적(私的) 조정이나 중재

6. 사회보험 관계 법령에 따라 관계 기관에 대하여 행하는 신고 · 신청 · 보고 · 진술 · 청구(이의신청 · 심사청구 및 심판청구를 포함한

다) 및 권리 구제 등의 대행 또는 대리

② 제1항제4호에서 "노무관리진단"이란 사업 또는 사업장의 노사(勞使) 당사자 한쪽 또는 양쪽의 의뢰를 받아 그 사업 또는 사업장의 인사·노무관리·노사관계 등에 관한 사항을 분석·진단하고 그 결과에 대하여 합리적인 개선 방안을 제시하는 일련의 행위를 말한다.

③ 제1항제1호부터 제3호까지에 규정된 노동 관계 법령의 범위와 같은 항 제4호의 노무관리진단의 시행에 필요한 사항, 같은 항 제6호에 규정된 사회보험 관계 법령의 범위는 대통령령으로 정한다. 〈개정 2020. 1. 29.〉

[전문개정 2007. 8. 3.]

제3조(자격) 제3조의2에 따른 공인노무사 자격시험에 합격한 자는 공인노무사 자격을 가진다.

[전문개정 2007. 8. 3.]

제3조의2(공인노무사 자격시험) ① 공인노무사 자격시험은 고용노동부장관이 실시하되, 제1차시험·제2차시험 및 제3차시험으로 구분하여 실시한다. 〈개정 2010. 6. 4.〉

② 공인노무사 자격시험의 최종 합격 발표일을 기준으로 제4조의 결격사유에 해당하는 사람은 공인노무사 자격시험에 응시할 수 없다. 〈신설 2010. 5. 25.〉

③ 고용노동부장관은 제2항에 따라 공인노무사 자격시험에 응시할 수 없음에도 불구하고 공인노무사 자격시험에 응시하여 최종 합격한 사람에 대하여는 합격결정을 취소하여야 한다. 〈신설 2010. 5. 25., 2010. 6. 4.〉

④ 제1항에 따른 공인노무사 자격시험의 응시자격, 시험과목, 시험방법, 자격증 교부, 그 밖에 시험에 필요한 사항은 대통령령으로 정한다. 〈개정 2010. 5. 25.〉

⑤ 공인노무사 자격시험에 응시하려는 사람은 실비의 범위에서 대통령령으로 정하는 수수료를 내야 한다. 이 경우 수수료의 납부방법, 반환 등에 관하여 필요한 사항은 대통령령으로 정한다. 〈신설 2016. 1. 27.〉

[전문개정 2007. 8. 3.]

제3조의3(시험의 일부면제) ① 다음 각 호의 어느 하나에 해당하는 자는 공인노무사 자격시험의 제1차시험과목 전부와 제2차시험과목 중 그 과목 수의 2분의 1을 넘지 아니하는 범위에서 대통령령으로 정하는 일부 과목을 면제한다.

1. 노동행정에 종사한 경력이 통틀어 10년 이상이고, 그중 5급 이상 공무원이나 고위공무원단에 속하는 일반직공무원으로 재직한 경력이 5년 이상인 자

2. 노동행정에 종사한 경력이 통틀어 15년 이상이고, 그중 6급 이상 공무원이나 고위공무원단에 속하는 일반직공무원으로 재직한 경력이 8년 이상인 자

② 대통령령으로 정하는 노동 관계 업무에 10년 이상 종사한 자는 제1차시험과목 중 대통령령으로 정하는 일부 과목을 면제한다.

③ 제1항 각 호에 따른 노동행정에 종사한 공무원의 범위는 대통령령으로 정한다.

④ 제1차시험에 합격한 자는 다음 회의 시험에서만 제1차시험을

면제하고 제2차시험에 합격한 자는 다음 회의 시험에서만 제1차시험과 제2차시험을 면제한다.

⑤ 다음 각 호의 어느 하나에 해당하는 사람에게는 제1항 및 제2항을 적용하지 아니한다. 〈신설 2020. 1. 29.〉

1. 탄핵이나 징계처분에 따라 그 직에서 파면 또는 해임된 사람

2. 금품 및 향응 수수(授受)로 강등 또는 정직에 해당하는 징계처분을 받은 사람

[전문개정 2007. 8. 3.]

제3조의4(공인노무사자격심의위원회) ① 공인노무사 자격 취득과 관련한 다음 각 호의 사항을 심의하기 위하여 고용노동부에 공인노무사자격심의위원회를 둘 수 있다. 〈개정 2010. 6. 4.〉

1. 공인노무사 자격시험 과목의 조정 등 시험에 관한 사항

2. 시험의 일부면제 대상자의 요건에 관한 사항

3. 그 밖에 공인노무사 자격 취득과 관련한 사항

4. 시험선발인원의 결정

② 공인노무사자격심의위원회의 구성과 운영 등에 필요한 사항은 대통령령으로 정한다.

[전문개정 2007. 8. 3.]

제3조의5(시험부정행위자에 대한 조치) 고용노동부장관은 공인노무사 자격시험에 있어서 부정한 행위를 한 응시자에 대하여는 그 시험을 정지 또는 무효로 하거나 합격결정을 취소하고, 그 시험을 정지하거나 무효로 한 날 또는 합격결정을 취소한 날부터 5년간 시험 응시자격을 정지한다. 〈개정 2010. 6. 4.〉

[본조신설 2007. 8. 3.]

제4조(결격사유) 다음 각 호의 어느 하나에 해당하는 자는 공인노무사가 될 수 없다. 〈개정 2016. 1. 27., 2020. 1. 29.〉

1. 미성년자
2. 피성년후견인 또는 피한정후견인
3. 파산선고를 받은 자로서 복권(復權)되지 아니한 자
4. 공무원으로서 징계처분에 따라 파면된 자로서 3년이 지나지 아니한 자
5. 금고(禁錮) 이상의 실형을 선고받고 그 집행이 끝나거나 집행을 받지 아니하기로 확정된 후 3년이 지나지 아니한 자
6. 형의 집행유예를 선고받고 그 기간이 끝난 날부터 2년이 지나지 아니한 자
7. 금고 이상의 형의 선고유예기간 중에 있는 자
8. 제20조에 따라 영구등록취소된 사람

[전문개정 2007. 8. 3.]

제5조(등록) ① 공인노무사 자격이 있는 사람이 제2조에 따른 직무를 시작하려는 경우에는 대통령령으로 정하는 바에 따라 한국공인노무사회(이하 "공인노무사회"라 한다)에 등록하여야 한다. 〈개정 2010. 6. 4., 2020. 1. 29.〉

② 공인노무사회는 제1항에 따라 등록을 신청한 사람이 다음 각 호의 어느 하나에 해당하면 등록을 거부하여야 한다. 〈개정 2010. 6. 4., 2020. 1. 29.〉

1. 제4조의 결격사유에 해당하는 사람

2. 제5조의2제1항에 따른 연수교육을 받지 아니한 사람

3. 제19조제1항제1호에 따라 등록이 취소된 날부터 3년이 지나지 아니한 사람

4. 제20조에 따라 등록이 취소된 날부터 3년이 지나지 아니한 사람

③ 공인노무사회는 제2항에 따라 등록을 거부한 때에는 지체 없이 그 사유를 분명하게 밝혀 신청인에게 알려야 한다. 〈개정 2010. 6. 4., 2020. 1. 29.〉

④ 공인노무사회가 제1항에 따른 등록의 신청을 받은 날부터 3개월이 지날 때까지 등록을 하지 아니하거나 등록을 거부하지 아니할 때에는 등록이 된 것으로 본다. 〈신설 2020. 1. 29.〉

⑤ 제2항에 따라 등록이 거부된 사람은 제3항에 따른 통지를 받은 날부터 3개월 이내에 등록거부에 관하여 부당한 이유를 소명하여 고용노동부장관에게 이의신청을 할 수 있다. 〈신설 2020. 1. 29.〉

⑥ 고용노동부장관은 제5항의 이의신청이 이유 있다고 인정할 때에는 공인노무사회에 그 공인노무사의 등록을 명하여야 한다. 〈신설 2020. 1. 29.〉

[전문개정 2010. 5. 25.]

제5조의2(공인노무사의 교육) ① 공인노무사 자격이 있는 사람(제3조의3제1항 각 호 및 제2항에 해당하는 사람은 제외한다)이 직무를 개시하려면 제5조에 따른 등록을 하기 전에 1년의 범위에서 대통령령으로 정하는 기간 동안 연수교육을 받아야 한다.

② 제5조제1항에 따라 등록을 한 공인노무사(이하 "개업노무사"라 한다)는 개업노무사의 전문성과 윤리의식을 높이기 위한 내용으로 구성되어 있는 보수(補修)교육(이하 "보수교육"이라 한다)을 매년 8시간의 범위에서 대통령령으로 정하는 시간(이 경우 공인노무사로서 필요한 직업윤리의식에 관한 교육이 1시간 이상 포함되어야 한다) 동안 받아야 한다. 다만, 다음 각 호의 어느 하나에 해당하는 경우에는 그러하지 아니하다. 〈개정 2016. 1. 27.〉

1. 질병 등으로 정상적인 공인노무사 업무를 수행할 수 없는 경우
2. 휴업 등으로 보수교육을 받을 수 없는 정당한 사유가 있는 경우
3. 고령으로 보수교육을 받기에 적당하지 아니한 경우로서 제24조에 따른 공인노무사회가 정하는 경우

③ 고용노동부장관은 대통령령으로 정하는 시설·인력 및 교육실적 등의 기준에 적합한 기관 및 단체를 보수교육을 실시하는 기관(이하 "지정교육기관"이라 한다)으로 지정할 수 있다. 〈개정 2010. 6. 4.〉

④ 고용노동부장관은 지정교육기관이 다음 각 호의 어느 하나에 해당하는 경우에는 그 지정을 취소할 수 있다. 다만, 제1호의 경우에는 그 지정을 취소하여야 한다. 〈개정 2010. 6. 4.〉

1. 거짓이나 부정한 방법으로 지정을 받은 경우
2. 보수교육을 이수하지 아니한 자를 이수한 것으로 처리한 경우
3. 제3항에 따른 기준에 미치지 못하는 경우

⑤ 제1항 및 제2항에 따른 교육의 내용은 대통령령으로 정하며, 교육의 방법·절차 및 그 밖에 필요한 사항은 고용노동부령으로 정

한다. 〈개정 2010. 6. 4.〉

[본조신설 2010. 5. 25.]

제6조(사무소의 설치 제한) 개업노무사는 1개의 사무소만을 설치·운영할 수 있다.

[전문개정 2010. 5. 25.]

제7조(합동사무소) ① 개업노무사는 직무를 효율적으로 수행하고 공신력(公信力)을 높이기 위하여 개업노무사 2명 이상으로 구성되는 합동사무소를 설치할 수 있다.

② 삭제 〈2016. 1. 27.〉

③ 합동사무소에 관하여 이 법에 규정이 없는 사항은 「민법」 중 조합에 관한 규정을 준용한다.

[전문개정 2007. 8. 3.]

제7조의2(노무법인) 개업노무사는 그 직무를 조직적·전문적으로 수행하기 위하여 법인을 설립할 수 있다.

[전문개정 2007. 8. 3.]

제7조의3(노무법인의 사원 등) ① 노무법인의 사원은 2명 이상의 개업노무사로 구성한다.

② 제20조에 따라 직무정지처분을 받고 그 기간 중에 있는 자는 노무법인의 사원이 될 수 없다. 〈개정 2010. 5. 25.〉

③ 노무법인은 사원이 아닌 공인노무사(이하 "소속공인노무사"라 한다)를 고용할 수 있다. 〈신설 2010. 5. 25.〉

[전문개정 2007. 8. 3.]

[제목개정 2010. 5. 25.]

제7조의4(노무법인의 설립 절차 등) ① 노무법인을 설립하려면 사원이 될 공인노무사가 정관(定款)을 작성하여 대통령령으로 정하는 바에 따라 고용노동부장관의 인가를 받아야 한다. 정관을 변경할 때에도 또한 같다. 〈개정 2010. 6. 4.〉

② 정관에는 다음 각 호의 사항을 적어야 한다. 〈개정 2010. 5. 25.〉

1. 목적
2. 명칭
3. 주사무소와 분사무소의 소재지
4. 사원의 성명과 주소
5. 사원의 출자에 관한 사항
6. 존립 시기나 해산 사유를 정한 경우에는 그 시기 또는 사유
7. 그 밖에 대통령령으로 정하는 사항

③ 노무법인은 대통령령으로 정하는 바에 따라 등기하여야 한다.

④ 노무법인은 그 주사무소에서 설립등기를 함으로써 성립한다.

[전문개정 2007. 8. 3.]

제7조의5(노무법인의 해산) ① 노무법인은 다음 각 호의 어느 하나에 해당하는 사유로 해산한다.

1. 정관에서 정하는 해산 사유의 발생
2. 사원총회의 결의
3. 합병
4. 파산
5. 설립인가의 취소

② 노무법인이 해산하면 청산인은 지체 없이 그 사유를 고용노동부장관에게 신고하여야 한다. 〈개정 2010. 6. 4.〉

[전문개정 2007. 8. 3.]

제7조의6(노무법인 인가 취소 등) 고용노동부장관은 노무법인이 다음 각 호의 어느 하나에 해당하면 그 설립인가를 취소하거나 1년 이내의 기간을 정하여 업무의 정지를 명할 수 있다. 다만, 제1호부터 제3호까지의 규정에 해당하는 경우에는 그 인가를 취소하여야 한다. 〈개정 2010. 6. 4.〉

1. 제7조의3제1항에 따른 사원의 수(數)에 미치지 못한 날부터 3개월 이내에 사원을 보충하지 아니한 경우

2. 업무정지명령을 위반하여 업무를 수행한 경우

3. 거짓이나 그 밖의 부정한 방법으로 제7조의4의 인가를 받은 경우

4. 제7조의7제3항을 위반하여 사무소를 설치·운영한 경우

5. 제7조의10제2항에 따라 준용하는 제11조제4항을 위반하여 직무보조원을 고용한 경우

6. 노무법인의 사원 또는 소속공인노무사가 제13조를 위반한 경우

7. 노무법인이 개업노무사 또는 개업노무사이었던 자(개업노무사 또는 개업노무사이었던 자의 직무보조원 또는 직무보조원이었던 자를 포함한다)로 하여금 정당한 사유 없이 직무상 알게 된 사실을 누설하게 하여 이득을 취한 경우

8. 제18조제1항에 따른 보고·자료제출 등의 명령에 따르지 아니하거나 검사 또는 질문을 거부·방해 또는 기피하는 경우

[전문개정 2010. 5. 25.]

제7조의7(노무법인의 사무소) ① 노무법인은 주사무소 외에 분사무소를 둘 수 있다. 이 경우 분사무소에는 노무법인의 분사무소임을 표시하여야 한다.

② 노무법인의 사원과 소속공인노무사는 그 노무법인 외에 따로 사무소를 둘 수 없다.

③ 노무법인의 주사무소와 분사무소에는 각각 1명 이상의 공인노무사인 사원이 상근하여야 한다.

[본조신설 2010. 5. 25.]

[종전 제7조의7은 제7조의10으로 이동 〈2010. 5. 25.〉]

제7조의8(노무법인의 업무집행방법) ① 노무법인은 법인 명의로 업무를 수행하여야 하며, 수임한 업무마다 그 업무를 담당할 공인노무사(이하 "담당공인노무사"라 한다)를 지정하여야 한다. 다만, 소속공인노무사를 담당공인노무사로 지정할 경우에는 그 노무법인의 사원과 공동으로 지정하여야 한다.

② 노무법인이 업무를 수행할 때 담당공인노무사를 지정하지 아니한 경우에는 노무법인의 사원 모두를 담당공인노무사로 지정한 것으로 본다.

③ 담당공인노무사는 지정된 업무를 수행할 때에는 그 노무법인을 대표한다.

④ 노무법인이 그 업무에 관하여 작성하는 서면에는 법인 명의를 표시하고 담당공인노무사가 기명날인하거나 서명하여야 한다.

[본조신설 2010. 5. 25.]

제7조의9(경업의 금지) ① 노무법인의 사원 또는 소속공인노무사는 자기 또는 제3자를 위하여 그 노무법인의 업무범위에 속하는 업무를 수행하거나 다른 노무법인의 사원 또는 소속공인노무사가 되어서는 아니 된다.

② 노무법인의 사원 또는 소속공인노무사이었던 사람은 그 노무법인에 소속한 기간 중에 그 노무법인의 담당공인노무사로서 수행하고 있었거나 수행을 승낙한 업무에 관하여는 퇴직 후 공인노무사의 업무를 수행할 수 없다. 다만, 그 노무법인의 동의가 있는 경우에는 그러하지 아니하다.

[본조신설 2010. 5. 25.]

제7조의10(준용규정) ① 노무법인에 관하여 이 법에 규정되지 아니한 사항은 「상법」 중 합명회사에 관한 규정을 준용한다.

② 노무법인에 관하여는 그 성질에 어긋나지 아니하면 제11조, 제12조, 제12조의3, 제12조의4, 제13조, 제14조, 제17조, 제20조의3 및 제26조의2를 준용한다. 〈개정 2010. 5. 25.〉

[전문개정 2007. 8. 3.]

[제7조의7에서 이동 〈2010. 5. 25.〉]

제8조(사무소 명칭 등) ① 삭제 〈1999. 2. 8.〉

② 삭제 〈1999. 2. 8.〉

③ 이 법에 따른 공인노무사가 아닌 자는 공인노무사 · 공인노무사사무소 · 공인노무사합동사무소 · 노무법인 또는 이와 비슷한 명칭을 사용하여서는 아니 된다. 〈개정 2007. 8. 3.〉

④ 이 법에 따른 공인노무사합동사무소 또는 노무법인이 아닌 자

는 공인노무사합동사무소·노무법인 또는 이와 비슷한 명칭을 사용하여서는 아니 된다. 〈개정 2007. 8. 3.〉

[제목개정 2007. 8. 3.]

제9조(폐업) 개업노무사가 폐업하려면 공인노무사회에 신고하여야 한다. 〈개정 2010. 6. 4., 2020. 1. 29.〉

[전문개정 2007. 8. 3.]

제10조삭제 〈1999. 2. 5.〉

제11조(직무보조원) ① 개업노무사는 그의 직무를 도와줄 보조원을 둘 수 있다.

② 직무보조원의 직무상 행위는 그를 고용한 개업노무사의 행위로 본다.

③ 제4조 각 호의 어느 하나에 해당하는 자는 직무보조원이 될 수 없다. 다만, 같은 조 제3호에 따른 파산선고를 받은 자로서 복권되지 아니한 자는 그러하지 아니하다. 〈개정 2007. 12. 21.〉

④ 개업노무사는 제3항에 해당하는 자를 직무보조원으로 둘 수 없다. 〈신설 2007. 12. 21.〉

[전문개정 2007. 8. 3.]

제12조(품위유지와 성실의무 등) ① 공인노무사는 항상 품위를 유지하고 신의와 성실로써 공정하게 직무를 수행하여야 하고, 그 직무를 공정하게 수행할 수 없는 경우에는 제2조에서 정한 직무를 행하여서는 아니 된다. 〈개정 2020. 1. 29.〉

② 개업노무사는 제2조제1항에 따라 그가 작성하거나 확인한 서류에 기명하거나 날인하여야 한다.

③ 삭제 〈2010. 5. 25.〉

[전문개정 2007. 8. 3.]

第12조의2삭제 〈1999. 2. 8.〉

第12조의3(관계 장부 등의 열람 신청) 개업노무사가 제2조의 직무를 수행하는 데에 필요하면 관계 기관이나 관계인에게 관계 장부 및 서류의 열람을 신청할 수 있다. 이 경우 그 신청이 제2조제1항제1호 또는 제2호에 따른 직무의 수행을 위한 것이면 열람을 신청받은 관계기관은 정당한 사유 없이 거부하여서는 아니 된다.

[전문개정 2007. 8. 3.]

第12조의4(손해배상책임의 보장) 개업노무사는 그 직무를 수행하면서 고의나 과실로 인하여 의뢰인에게 손해를 입힌 경우 그 손해에 대한 배상책임을 보장하기 위하여 대통령령으로 정하는 바에 따라 보증보험에 가입하여야 한다.

[전문개정 2007. 8. 3.]

第13조(금지 행위) 개업노무사와 그 직무보조원은 다음 각 호의 행위를 하여서는 아니 된다. 〈개정 2020. 1. 29.〉

1. 거짓이나 그 밖의 부정한 방법으로 의뢰인에게 노동 및 사회보험 관계 법령에 따른 보험금 등 재산상의 이익을 얻게 하거나 보험료 납부, 그 밖에 금전상의 의무를 이행하지 아니하게 하는 행위

2. 의뢰인으로 하여금 노동 및 사회보험 관계 법령에 따른 신고·보고, 그 밖의 의무를 이행하지 아니하게 하는 행위

3. 법령에 위반되는 행위에 관한 지도·상담, 그 밖에 이와 비슷한 행위

4. 사건의 알선을 업(業)으로 하는 자를 이용하거나 그 밖의 부당한 방법으로 사건 의뢰를 유치하는 행위

[전문개정 2007. 8. 3.]

第14조(비밀 엄수) 개업노무사 또는 개업노무사이었던 자(개업노무사 또는 개업노무사이었던 자의 직무보조원 또는 직무보조원이었던 자를 포함한다)는 정당한 사유 없이 직무상 알게 된 사실을 타인에게 누설하여서는 아니 된다.

[전문개정 2007. 8. 3.]

第15조삭제 〈1999. 2. 8.〉

第16조삭제 〈1999. 2. 8.〉

第17조(장부의 비치 등) ① 개업노무사는 그 사무소에 직무에 관한 장부를 작성하여 갖추어 두어야 하며, 그 장부를 3년간 보존하여야 한다. 이 경우 그 장부는 「전자문서 및 전자거래 기본법」 제2조제1호에 따른 전자문서로 작성·관리 및 보존할 수 있다. 〈개정 2010. 5. 25., 2018. 10. 16.〉

② 제1항에 따라 갖추어 두어야 할 장부의 종류·양식, 그 밖에 필요한 사항은 고용노동부령으로 정한다. 〈개정 2010. 6. 4.〉

[전문개정 2007. 8. 3.]

第18조(감독상의 명령 등) ① 고용노동부장관은 개업노무사 또는 노무법인이 이 법 또는 이 법에 따른 명령을 위반하였는지를 확인하기 위하여 필요하면 그 업무에 관한 사항을 보고하게 하거나 자료의 제출, 그 밖에 필요한 명령을 할 수 있으며, 소속 공무원으로 하여금 그 사무소에 출입하여 장부·서류 등을 검사하거나 질문하게

할 수 있다. 〈개정 2010. 5. 25., 2010. 6. 4.〉

② 고용노동부장관은 제1항에 따라 출입·검사 등을 하는 경우에는 개업노무사 또는 노무법인에게 이를 행하기 7일 전까지 일시, 내용 등 필요한 사항을 알려야 한다. 다만, 긴급하거나 미리 알릴 경우 그 목적을 달성할 수 없다고 인정되는 경우에는 그러하지 아니하다. 〈신설 2010. 5. 25., 2010. 6. 4.〉

③ 제1항에 따라 출입·검사 등을 하는 공무원은 그 권한을 표시하는 증표를 지니고 이를 관계인에게 내보여야 한다. 〈개정 2010. 5. 25.〉

④ 고용노동부장관은 제24조에 따른 공인노무사회로 하여금 제1항에 따른 업무 검사를 하게 할 수 있다. 이 경우 공인노무사회는 그 결과를 노동부장관에게 보고하여야 한다. 〈개정 2010. 5. 25., 2010. 6. 4.〉

[전문개정 2007. 8. 3.]

제19조(등록의 취소 등) ① 공인노무사회는 개업노무사가 다음 각 호의 어느 하나에 해당하는 경우에는 등록을 취소하여야 한다. 〈개정 2010. 6. 4., 2020. 1. 29.〉

1. 제4조에 따른 결격사유에 해당하게 된 경우
2. 제9조에 따라 폐업신고를 한 경우
3. 삭제 〈2010. 5. 25.〉
4. 사망한 경우

② 공인노무사회는 제1항에 따라 등록을 취소한 때에는 지체 없이 그 사유를 분명하게 밝혀 등록이 취소된 사람에게 알려야 한다.

〈신설 2010. 5. 25., 2010. 6. 4., 2020. 1. 29.〉

③ 제1항에 따라 등록이 취소된 자는 등록증을 반납하여야 한다. 〈개정 2010. 5. 25.〉

[전문개정 2007. 8. 3.]

제20조(징계) ① 고용노동부장관은 공인노무사가 다음 각 호의 어느 하나에 해당하는 경우에는 공인노무사징계위원회의 징계의결에 따라 징계처분을 한다. 〈개정 2010. 5. 25., 2010. 6. 4., 2020. 1. 29.〉

1. 제6조를 위반하여 2개 이상의 사무소를 설치·운영한 경우
2. 제7조의3제2항을 위반하여 노무법인의 사원이 된 경우
3. 제7조의9에 따른 경업의 금지를 위반한 경우
4. 제11조제4항을 위반하여 직무보조원을 둔 경우
5. 제12조에 따른 품위유지와 성실의무 등을 위반한 경우
6. 제13조 각 호에 해당하는 금지 행위를 한 경우
7. 제14조에 따른 비밀 엄수 의무를 위반한 경우
8. 제18조제1항에 따른 보고·자료제출 등의 명령에 따르지 아니하거나 검사 또는 질문을 거부·방해 또는 기피하는 경우
9. 제20조의3에 따른 자격대여행위 등의 금지 의무를 위반한 경우
10. 노무법인·합동사무소를 설립·운영하기 위하여 다른 사람의 자격증을 빌린 경우
11. 제2조에 따른 업무를 수행하면서 고의·중대한 과실로 의뢰인이 부정하게 노동 및 사회보험 관계 법령에 따른 보험금 등 재산상의 이익을 얻게 하거나 보험료 납부, 그 밖에 금전상의 의무를 이

행하지 아니하게 한 경우

12. 제3항제3호에 따른 직무정지처분을 위반하여 직무를 수행한 경우

13. 공인노무사의 직무와 관련하여 2회 이상 금고 이상의 형을 선고받아(집행유예를 선고받은 경우를 포함한다) 그 형이 확정된 경우(과실범의 경우는 제외한다)

14. 이 법에 따라 2회 이상 직무정지 3년의 징계처분을 받은 후 다시 징계사유가 있는 자로서 공인노무사의 직무를 수행하는 것이 현저히 부적당하다고 인정되는 경우

15. 공인노무사회의 회칙을 위반한 경우

② 삭제 〈2020. 1. 29.〉

③ 공인노무사에 대한 징계의 종류는 다음 각 호와 같다. 〈개정 2010. 5. 25., 2020. 1. 29.〉

1. 영구등록취소(제1항제13호 및 제14호의 경우에 한정한다)
2. 등록취소
3. 3년 이하의 직무정지
4. 1천만원 이하의 과태료
5. 견책(譴責)

④ 제24조에 따른 공인노무사회는 공인노무사에 대하여 제1항 각 호의 어느 하나에 해당하는 징계사유가 있다고 인정하면 고용노동부장관에게 그 공인노무사의 징계의결을 요청하여야 한다. 〈개정 2010. 5. 25., 2010. 6. 4., 2020. 1. 29.〉

⑤ 제1항에 따른 징계의결은 고용노동부장관의 요구에 따라 하며,

제1항 각 호의 어느 하나에 해당하는 사유가 발생한 날부터 3년이 지나면 징계의결을 요구할 수 없다. 〈개정 2010. 5. 25., 2010. 6. 4., 2020. 1. 29.〉

⑥ 고용노동부장관은 공인노무사가 제3항제4호에 따른 과태료를 납부기한까지 내지 아니하면 국세 체납처분의 예에 따라 징수할 수 있다. 〈개정 2010. 5. 25., 2010. 6. 4., 2020. 1. 29.〉

⑦ 징계의결의 통보, 그 밖에 필요한 사항은 대통령령으로 정한다. 〈개정 2010. 5. 25.〉

[전문개정 2007. 8. 3.]

제20조의2(공인노무사징계위원회) ① 공인노무사에 대한 징계를 심의 · 의결하기 위하여 고용노동부에 공인노무사징계위원회를 둔다. 〈개정 2010. 6. 4.〉

② 공인노무사징계위원회의 구성과 운영 및 그 밖에 필요한 사항은 대통령령으로 정한다.

[본조신설 2010. 5. 25.]

[종전 제20조의2는 제20조의3으로 이동 〈2010. 5. 25.〉]

제20조의3(자격대여행위 등의 금지) 공인노무사는 다른 사람에게 자기의 성명이나 사무소의 명칭을 사용하여 공인노무사의 직무를 수행하게 하거나 그 자격증이나 등록증을 대여(貸與)하여서는 아니 된다.

[전문개정 2007. 8. 3.]

[제20조의2에서 이동 〈2010. 5. 25.〉]

제21조삭제 〈1997. 12. 24.〉

제22조(청문) 고용노동부장관은 다음 각 호의 어느 하나에 해당하는

처분 등을 하려는 경우에는 청문을 하여야 한다. 〈개정 2010. 5. 25., 2010. 6. 4., 2020. 1. 29.〉

1. 제7조의6에 따른 설립인가 취소 등

2. 제20조제1항에 따른 공인노무사징계위원회의 의결

[전문개정 2007. 8. 3.]

제23조삭제 〈1999. 2. 8.〉

제24조(공인노무사회의 설립 등) ① 공인노무사의 등록 및 폐업, 자질 향상과 품위 유지, 공인노무사제도의 개선 및 업무의 효율적인 수행을 위하여 공인노무사회를 둔다. 〈개정 2020. 1. 29.〉

② 제1항에 따라 공인노무사회를 설립하려면 그 회칙을 정하여 고용노동부장관의 승인을 받아야 한다. 승인을 받은 사항을 변경하려는 경우에도 또한 같다. 〈개정 2010. 6. 4.〉

③ 제2항의 회칙에 적어야 할 주요 사항은 대통령령으로 정한다.

④ 공인노무사회는 법인으로 한다.

⑤ 공인노무사회에 관하여 이 법에 규정되지 아니한 사항은 「민법」 중 사단법인에 관한 규정을 준용한다.

[전문개정 2007. 8. 3.]

제24조의2(공인노무사회에의 가입 및 공익활동) ① 제5조제1항에 따른 등록을 하려는 사람은 공인노무사회에 가입하여야 한다. 〈개정 2020. 1. 29.〉

② 공인노무사회는 취약계층의 지원 등 공익활동에 적극 참여하여야 한다.

[본조신설 2007. 8. 3.]

제24조의3(등록심사위원회) ① 제5조제2항에 따른 등록거부와 제19조에 따른 등록취소에 관한 사항을 심사하기 위하여 공인노무사회에 등록심사위원회를 둔다.

② 등록심사위원회의 구성과 운영 등에 필요한 사항은 공인노무사회 회칙으로 정한다.

[본조신설 2020. 1. 29.]

제25조(지도 · 감독 등) ① 공인노무사회는 고용노동부장관의 감독을 받는다. 〈신설 2020. 1. 29.〉

② 공인노무사회는 총회의 의결 내용을 지체 없이 고용노동부장관에게 보고하여야 한다. 〈신설 2020. 1. 29.〉

③ 고용노동부장관은 제2항의 의결이 법령이나 회칙에 위반된다고 인정하면 이를 취소할 수 있다. 〈신설 2020. 1. 29.〉

④ 공인노무사회는 등록 · 등록거부 · 등록취소 및 폐업에 관한 사항을 지체 없이 고용노동부장관에게 보고하여야 한다. 〈신설 2020. 1. 29.〉

⑤ 고용노동부장관은 제4항의 등록거부 및 등록취소 사유가 제5조제2항 또는 제19조제1항에서 정한 사유에 해당하지 않는다고 인정하면 공인노무사회에 그 등록을 명하거나 그 등록취소의 취소를 명할 수 있다. 〈신설 2020. 1. 29.〉

⑥ 고용노동부장관은 공인노무사로 등록된 사람이 제5조제2항 각 호의 어느 하나에 해당된다고 인정하면 공인노무사회에 그 공인노무사의 등록취소를 명할 수 있다. 〈신설 2020. 1. 29.〉

⑦ 고용노동부장관은 공인노무사회에 대하여 감독상 필요한 경우

에는 그 업무에 관한 사항을 보고하게 하거나 자료의 제출, 그 밖에 필요한 명령을 할 수 있으며 소속 공무원으로 하여금 그 사무소에 출입하여 장부·서류 등을 검사하거나 질문하게 할 수 있다. 〈개정 2010. 6. 4., 2020. 1. 29.〉

⑧ 제7항에 따른 공무원에 관하여는 제18조제3항을 준용한다. 〈개정 2010. 5. 25., 2020. 1. 29.〉

[전문개정 2007. 8. 3.]

제26조(업무 위탁) ① 고용노동부장관은 다음 각 호의 업무를 공인노무사회에 위탁할 수 있다. 〈개정 2010. 5. 25., 2010. 6. 4.〉

1. 공인노무사 연수교육

2. 근로자와 사용자를 대상으로 한 노무관리의 합리화에 관한 지도와 교육 업무

2의2. 삭제 〈2020. 1. 29.〉

3. 그 밖에 고용노동부장관이 이 법의 시행에 필요하다고 인정하여 지정하는 업무

② 고용노동부장관은 제3조의2제1항에 따른 공인노무사 자격시험의 관리에 관한 업무를 「한국산업인력공단법」에 따른 한국산업인력공단에 위탁할 수 있다. 〈개정 2010. 6. 4.〉

③ 고용노동부장관이 제1항과 제2항에 따라 공인노무사회나 한국산업인력공단에 업무를 위탁한 경우에는 예산의 범위에서 필요한 경비를 보조할 수 있다. 〈개정 2010. 6. 4.〉

[전문개정 2007. 8. 3.]

제26조의2(취약계층의 지원 등) ① 국가나 공공기관은 사회취약계층

을 위하여 공인노무사로 하여금 노동 및 사회보험 관계 법령과 관련한 사건에 대하여 지원하게 할 수 있다. 〈개정 2020. 1. 29.〉

② 제1항에 따라 국가나 공공기관이 공인노무사로 하여금 사회취약계층을 지원하게 하려는 경우 그 방법 및 절차, 취약계층의 범위, 공인노무사의 보수 등에 관한 사항에 대하여는 다른 법률로 정하는 바에 따른다.

③ 고용노동부장관은 공인노무사가 제1항에 따라 사회취약계층을 지원한 경우에는 고용노동부령으로 정하는 바에 따라 일정시간의 보수교육을 받은 것으로 인정할 수 있다. 〈신설 2010. 5. 25., 2010. 6. 4.〉

[전문개정 2007. 8. 3.]

제27조(업무의 제한 등) ① 공인노무사가 아닌 자는 제2조제1항제1호 · 제2호 또는 제4호의 직무를 업으로서 행하여서는 아니 된다. 다만, 다른 법률로 정하여져 있는 경우에는 그러하지 아니하다. 〈개정 2020. 1. 29.〉

② 제1항의 직무를 업으로서 행할 수 없는 자는 해당 직무를 수행한다는 표시 · 광고를 하거나 해당 직무를 수행하는 것으로 오인될 우려가 있는 표시 · 광고를 하여서는 아니 된다. 〈신설 2020. 1. 29.〉

[전문개정 2007. 8. 3.]

[제목개정 2020. 1. 29.]

제27조의2(공인노무사 업무의 소개 · 알선 등 제한) ① 누구든지 제2조제1항제1호 · 제2호 또는 제4호의 직무에 해당하는 사건의 수임에

관하여 다음 각 호의 행위를 하여서는 아니 된다.

1. 사전에 금품·향응 또는 그 밖의 이익을 받거나 받기로 약속하고 당사자 또는 그 밖의 관계인을 특정한 공인노무사나 그 직무보조원에게 소개·알선 또는 유인하는 행위

2. 당사자 또는 그 밖의 관계인을 특정한 공인노무사나 그 직무보조원에게 소개·알선 또는 유인한 후 그 대가로 금품·향응 또는 그 밖의 이익을 받거나 요구하는 행위

② 공인노무사가 아닌 자는 공인노무사가 아니면 할 수 없는 업무를 통하여 보수나 그 밖의 이익을 분배받아서는 아니 된다.

[본조신설 2020. 1. 29.]

[종전 제27조의2는 제27조의3으로 이동 〈2020. 1. 29.〉]

제27조의3(규제의 재검토) 고용노동부장관은 제3조의3의 시험의 일부면제 기준 및 제12조의4의 손해배상책임 보증보험가입제도에 대하여 2010년 12월 31일부터 매 5년마다 그 타당성을 검토하여 폐지, 완화 또는 유지 등의 조치를 하여야 한다. 〈개정 2010. 6. 4.〉

[본조신설 2010. 5. 25.]

[제27조의2에서 이동 〈2020. 1. 29.〉]

제28조(벌칙) ① 다음 각 호의 어느 하나에 해당하는 자는 3년 이하의 징역 또는 3천만원 이하의 벌금에 처한다. 〈개정 2010. 5. 25., 2014. 5. 20., 2020. 1. 29.〉

1. 제14조에 따른 비밀 엄수 의무를 위반한 자

2. 제27조제1항에 따른 업무 제한 사항을 위반한 자

3. 제27조의2제1항을 위반하여 공인노무사 업무의 소개·알선 등

을 한 자

4. 제27조의2제2항을 위반하여 공인노무사가 아니면 할 수 없는 업무를 통하여 보수나 그 밖의 이익을 분배받은 자

② 다음 각 호의 어느 하나에 해당하는 자는 1년 이하의 징역 또는 1천만원 이하의 벌금에 처한다. 〈개정 2010. 5. 25., 2014. 5. 20., 2020. 1. 29.〉

1. 공인노무사로서 제5조제1항에 따른 등록을 하지 아니하고 공인노무사 업무를 수행한 자

2. 제13조제1호, 제2호 또는 제4호에 해당하는 금지 행위를 한 자

3. 제20조의3에 따른 자격대여행위 등의 금지 의무를 위반한 자와 그 상대방

4. 제8조제3항ㆍ제4항에 따른 유사명칭 사용 금지 의무를 위반한 자

5. 제27조제2항에 따른 표시ㆍ광고의 제한을 위반한 자

③ 삭제 〈2010. 5. 25.〉

[전문개정 2007. 8. 3.]

제29조(양벌규정) 노무법인의 사원인 개업노무사, 소속공인노무사 또는 개업노무사의 직무보조원이 그 노무법인 또는 개업노무사의 업무에 관하여 제28조의 위반행위를 하면 그 행위자를 벌하는 외에 그 노무법인 또는 개업노무사에게도 해당 조문의 벌금형을 과(科)한다. 다만, 노무법인 또는 개업노무사가 그 위반행위를 방지하기 위하여 해당 업무에 관하여 상당한 주의와 감독을 게을리하지 아니한

경우에는 그러하지 아니하다. 〈개정 2010. 5. 25.〉

[전문개정 2008. 12. 26.]

제30조(과태료) ① 다음 각 호의 어느 하나에 해당하는 자에게는 200만원 이하의 과태료를 부과한다. 〈개정 2010. 5. 25.〉

1. 제5조의2제2항에 따른 보수교육을 받지 아니한 자

2. 제9조에 따른 폐업신고 의무를 위반한 자

2의2. 제12조의4(제7조의10제2항에서 준용하는 경우를 포함한다)에 따른 보증보험에 가입하지 아니한 자

3. 제17조제1항(제7조의10제2항에서 준용하는 경우를 포함한다)에 따른 직무에 관한 장부의 작성 · 관리 · 보존의무를 위반한 자

4. 삭제 〈2010. 5. 25.〉

② 제1항에 따른 과태료는 대통령령으로 정하는 바에 따라 고용노동부장관이 부과 · 징수한다. 〈개정 2010. 6. 4.〉

③ 삭제 〈2010. 5. 25.〉

④ 삭제 〈2010. 5. 25.〉

⑤ 삭제 〈2010. 5. 25.〉

[전문개정 2007. 8. 3.]

제31조(권한의 위임) 이 법에 따른 고용노동부장관의 권한은 대통령령으로 정하는 바에 따라 그 일부를 지방고용노동관서의 장에게 위임할 수 있다. 〈개정 2010. 6. 4.〉

[전문개정 2007. 8. 3.]

부칙 〈제3771호, 1984. 12. 31.〉

이 법은 1985년 7월 1일부터 시행한다.

부칙 〈제4234호, 1990. 4. 7.〉

①(시행일) 이 법은 공포한 날부터 시행한다.

②(실무수습에 대한 경과조치) 제5조제1항의 개정규정에 의한 실무수습은 이 법 시행이전에 노동부령이 정하는 소정의 실무교육이수자에게는 적용하지 아니한다.

③(등록에 관한 경과조치) 이 법 시행당시 종전의 규정에 의하여 직무개시허가를 받은 개업노무사는 이 법 제5조제1항에 의한 개업등록을 한 것으로 본다.

부칙 〈제5018호, 1995. 12. 6.〉

①(시행일) 이 법은 공포한 날부터 시행한다. 다만, 제3조제1항제2호 및 제21조제1항제2호의 개정규정은 공포후 6월이 경과한 날부터, 제12조의4 및 제19조제1항제6호의2의 개정규정은 1997년 1월 1일부터 시행한다.

②(자격에 관한 경과조치) 이 법 시행당시, 종전의 제3조제1항제2호의 규정에 의하여 공인노무사의 자격을 취득한 자는 동호의 개정규정에 불구하고 이 법에 의한 공인노무사로 본다.

③(벌칙에 관한 경과조치) 이 법 시행전의 행위에 대한 벌칙의 적용에 있어서는 종전의 규정에 의한다.

부칙 〈제5477호, 1997. 12. 24.〉

①(시행일) 이 법은 공포한 날부터 시행한다. 다만, 제10조제3항의 개정규정은 공포후 1년이 경과한 날부터 시행한다.

②(개업노무사의 보수기준에 관한 경과조치) 공인노무사회는 이 법 시행후 1년 이내에 제10조제3항의 개정규정에 의하여 개업노무사의 보수에 관한 기준을 정하여 노동부장관의 승인을 얻어야 한다.

③(등록취소등에 관한 경과조치) 이 법 시행당시 종전의 규정에 의하여 등록취소, 자격정지 또는 직무정지절차가 진행중인 사안에 대하여는 제19조 및 제20조의 개정규정에 불구하고 종전의 규정에 의한다.

부칙 〈제5815호, 1999. 2. 5.〉 (독점규제및공정거래에관한법률의적용이제외되는부당한공동행위등의정비에관한법률)

①(시행일) 이 법은 공포한 날부터 시행한다. 다만, 제1조 및 제7조의 규정은 2000년 1월 1일부터 시행하고, 제5조중 제5조제3항의 개정규정은 2001년 1월 1일부터 시행한다.

②(벌칙에 관한 경과조치) 이 법 시행전의 행위에 대한 벌칙의 적용에 있어서는 종전의 규정에 의한다.

부칙 〈제5887호, 1999. 2. 8.〉

①(시행일) 이 법은 공포한 날부터 시행한다.

②(과태료에 관한 경과조치) 이 법 시행전의 행위에 대한 과태료의 적용에 있어서는 종전의 규정에 의한다.

부칙 〈제6333호, 2000. 12. 30.〉

①(시행일) 이 법은 2001년 1월 1일부터 시행한다.

②(공인노무사 징계에 관한 적용례) 제20조제5항의 개정규정은 이 법 시행후 징계사유가 발생한 자부터 적용한다.

③(공인노무사 자격에 관한 경과조치) 2000년 12월 31일 이전에 노동행정에 종사한 자에 대하여는 제3조제1항제2호의 개정규정에 불구하고 종전의 규정을 적용한다. 〈개정 2003. 12. 31.〉

부칙 〈제7046호, 2003. 12. 31.〉

이 법은 공포한 날부터 시행한다.

부칙 〈제7428호, 2005. 3. 31.〉 (채무자 회생 및 파산에 관한 법률)

제1조 (시행일) 이 법은 공포 후 1년이 경과한 날부터 시행한다.

제2조 내지 제4조 생략

제5조 (다른 법률의 개정) ①내지 ⑧생략

⑨공인노무사법 일부를 다음과 같이 개정한다.

제4조제3호중 "파산자"를 "파산선고를 받은 자"로 한다.

⑩내지 〈145〉생략

제6조 생략

부칙 〈제7796호, 2005. 12. 29.〉 (국가공무원법)

제1조 (시행일) 이 법은 2006년 7월 1일부터 시행한다.

제2조 내지 제5조 생략

제6조 (다른 법률의 개정) ①내지 ⑥생략

⑦공인노무사법 일부를 다음과 같이 개정한다.

제3조의3제1항제1호중 "5급 이상 공무원"을 "5급 이상 공무원 또는 고위공무원단에 속하는 일반직공무원"으로 하고, 동항제2호중 "6급 이상 공무원"을 "6급 이상 공무원 또는 고위공무원단에 속하는 일반직공무원"으로 한다.

⑧내지 〈68〉생략

부칙 〈제8473호, 2007. 5. 17.〉

이 법은 공포 후 6개월이 경과한 날부터 시행한다.

부칙 〈제8615호, 2007. 8. 3.〉

①(시행일) 이 법은 공포한 날부터 시행한다. 다만, 제26조제1항제1호 및 제26조의2의 개정규정은 2007년 11월 18일부터 시행하고, 제3조의4제1항제4호 및 제3조의5의 개정규정은 2008년 1월 1일부터 시행하며, 제24조제1항 및 제24조의2의 개정규정은 공포 후 6개월이 경과한 날부터 시행한다.

②(적용례) 제3조의4제1항제4호 및 제3조의5의 개정규정은 2008년 1월 1일 이후 실시되는 공인노무사 자격시험부터 적용한다.

부칙 〈제8780호, 2007. 12. 21.〉

이 법은 2008년 1월 1일부터 시행한다.

부칙 〈제9255호, 2008. 12. 26.〉

이 법은 공포한 날부터 시행한다.

부칙 〈제10321호, 2010. 5. 25.〉

제1조(시행일) 이 법은 공포 후 6개월이 경과한 날부터 시행한다. 다만, 제5조의2제2항의 개정규정은 2011년 1월 1일부터 시행한다.

제2조(노무법인의 업무집행방법에 관한 적용례) 제7조의8의 개정규정은 이 법 시행 후 노무법인이 최초로 수임한 업무부터 적용한다.

제3조(경업의 금지에 관한 적용례) ① 제7조의9제1항의 개정규정은 이 법 시행 후 노무법인의 사원 또는 소속공인노무사가 최초로 착수하는 업무부터 적용한다.

② 제7조의9제2항의 개정규정은 이 법 시행 후 최초로 노무법인을 퇴직한 사람부터 적용한다.

제4조(연수교육에 관한 경과조치) 이 법 시행 당시 종전의 규정에 따라 실무수습을 받은 공인노무사(이 법 시행 당시 실무수습 중이었으나 이 법 시행 후 실무수습을 이수한 공인노무사를 포함한다)는 제5조의2제1항의 개정규정에 따라 연수교육을 받은 것으로 본다.

제5조(노무법인 사원 자격에 관한 경과조치) 이 법 시행 전의 행위로 인하여 자격정지처분을 받고 그 기간 중에 있는 사람에 대하여는 제7조의3제3항의 개정규정에도 불구하고 종전의 규정에 따른다.

제6조(노무법인 인가 취소에 관한 경과조치) 이 법 시행 전의 행위에 대한 노무법인 인가 취소에 대하여는 제7조의6의 개정규정에도 불구하고 종전의 규정에 따른다.

제7조(개업노무사 등록의 취소에 관한 경과조치) 이 법 시행 전의 행위로 인하여 부칙 제8조에 따라 종전의 규정에 따라 자격정지처분을 받게 되는 사람에 대하여는 제19조의 개정규정에도 불구하고 개업노무사 등록의 취소에 관하여 종전의 규정에 따른다.

제8조(징계에 관한 경과조치) 이 법 시행 전의 행위에 대한 징계는 종전의 규정에 따른다.

제9조(벌칙 및 과태료에 관한 경과조치) 이 법 시행 전의 행위에 대하여 벌칙 및 과태료 규정을 적용할 때에는 종전의 규정에 따른다.

부칙 〈제10339호, 2010. 6. 4.〉 (정부조직법)

제1조(시행일) 이 법은 공포 후 1개월이 경과한 날부터 시행한다. 〈단서 생략〉

제2조 및 제3조 생략

제4조(다른 법률의 개정) ① 부터 ⑰ 까지 생략

⑱ 공인노무사법 일부를 다음과 같이 개정한다.

제3조의2제1항, 제3조의5, 제5조제1항 본문 · 제4항, 제7조의4제1항 전단, 제7조의5제2항, 제7조의6 각 호 외의 부분, 제9조, 제18조제1항 · 제3항 전단 및 후단, 제19조제1항 각 호 외의 부분, 제20조제1항 각 호 외의 부분 · 제4항 · 제6항, 제22조 각 호 외의 부분, 제24조제2항 전단, 제25조제1항, 제26조제1항 각 호 외의 부분 · 제3호 · 제2항 · 제3항, 제30조제2항부터 제4항까지 및 제31조 중 "노동부장관"을 각각 "고용노동부장관"으로 한다.

제3조의4제1항 각 호 외의 부분 중 "노동부"를 "고용노동부"로

한다.

제17조제2항 중 "노동부령"을 "고용노동부령"으로 한다.

제31조 중 "지방노동관서"를 "지방고용노동관서"로 한다.

⑲ 법률 제10321호 공인노무사법 일부개정법률 일부를 다음과 같이 개정한다.

제3조의2제3항, 제5조제1항 · 제2항 각 호 외의 부분 · 제3항, 제5조의2제3항 · 제4항 각 호 외의 부분 본문, 제7조의6 각 호 외의 부분 본문, 제18조제2항 본문, 제19조제2항, 제20조제1항 각 호 외의 부분 · 제4항 · 제5항 · 제6항, 제26조의2제3항 및 제27조의2 중 "노동부장관"을 각각 "고용노동부장관"으로 한다.

제5조의2제5항 및 제26조의2제3항 중 "노동부령"을 각각 "고용노동부령"으로 한다.

제20조의2제1항 중 "노동부"를 "고용노동부"로 한다.

⑳ 부터 〈82〉 까지 생략

제5조 생략

부칙 〈제12624호, 2014. 5. 20.〉

이 법은 공포한 날부터 시행한다.

부칙 〈제13898호, 2016. 1. 27.〉

제1조(시행일) 이 법은 공포 후 3개월이 경과한 날부터 시행한다.

제2조(공인노무사 자격시험에 관한 적용례) 제3조의2제5항의 개정규정은 이 법 시행 후 최초로 실시하는 공인노무사 자격시험부터 적

용한다.

제3조(금치산자 등에 대한 경과조치) 제4조제2호의 개정규정에 따른 피성년후견인 및 피한정후견인에는 법률 제10429호 민법 일부개정법률 부칙 제2조에 따라 금치산 또는 한정치산 선고의 효력이 유지되는 사람이 포함되는 것으로 본다.

부칙 〈제15847호, 2018. 10. 16.〉

이 법은 공포한 날부터 시행한다.

부칙 〈제16895호, 2020. 1. 29.〉

제1조(시행일) 이 법은 공포 후 6개월이 경과한 날부터 시행한다.

제2조(시험의 일부면제의 적용 배제에 관한 적용례) 제3조의3제5항의 개정규정은 이 법 시행 후 파면 또는 해임되거나 강등 또는 정직에 해당하는 징계처분을 받은 사람부터 적용한다.

제3조(징계 대상행위의 횟수 산정 기준에 관한 적용례) 제20조제1항제13호 또는 제14호의 개정규정에 따른 징계 대상행위의 횟수를 산정할 때에는 이 법 시행 이후에 확정된 금고 이상의 형 또는 직무정지 3년의 징계처분부터 산정한다.

제4조(징계요구 중인 공인노무사에 관한 경과조치) 이 법 시행 당시 징계요구 중인 사람에 대해서는 제20조의 개정규정에도 불구하고 종전의 규정에 따른다.

**개정 예정 법률 밑줄 별도 표시.

공인노무사법 시행령

[시행 2021. 11. 30.] [대통령령 제32169호, 2021. 11. 30., 타법개정]

제1조(목적) 이 영은 「공인노무사법」에서 위임된 사항과 그 시행에 필요한 사항을 규정함을 목적으로 한다. 〈개정 2007. 12. 28.〉

제2조(노동 및 사회보험 관계 법령의 범위) ① 「공인노무사법」(이하 "법"이라 한다) 제2조제1항제1호부터 제3호까지의 규정에 따른 노동 관계 법령의 범위는 별표 1과 같다.

② 법 제2조제1항제6호에 따른 사회보험 관계 법령의 범위는 별표 1의2와 같다.

[전문개정 2020. 7. 28.]

제2조의2삭제 〈2001. 4. 9.〉

제3조(노무관리진단의 시행) ① 공인노무사는 법 제2조제1항제4호에 따른 노무관리진단을 시행하는 경우 그에 관한 사실관계를 파악하기 위하여 관련 서류 등에 대한 조사, 설문조사 또는 관계자 면접 등의 방법으로 실태조사를 할 수 있다.

② 공인노무사는 노사 당사자 한쪽의 의뢰를 받아 노무관리진단을 시행하는 경우 그와 관련하여 노무관리진단을 의뢰하지 않은 다른 쪽 당사자의 의견을 들을 수 있다.

③ 노무관리진단을 의뢰한 노사 당사자는 공인노무사가 노무관리

진단을 시행하는 중에도 필요하면 해당 공인노무사와 협의하여 노무관리진단을 할 사항을 추가로 의뢰할 수 있다.

④ 공인노무사는 제1항에 따른 실태조사 후 노무관리에 관한 개선 방안이 포함된 결과보고서를 작성하여 노무관리진단을 의뢰한 노사 당사자에게 제출해야 한다.

[본조신설 2020. 7. 28.]

제4조(시험방법) ① 법 제3조의2에 따른 공인노무사 자격시험(이하 "시험"이라 한다)의 제1차시험은 선택형으로 실시하는 것을 원칙으로 하되, 기입형을 포함할 수 있다.

② 제2차시험은 논문형으로 실시하는 것을 원칙으로 하되, 주관식 단답형을 포함할 수 있다.

③ 제3차시험은 면접시험으로 하며, 다음 각 호의 사항을 평정(評定)한다.

1. 국가관ㆍ사명감 등 정신자세
2. 전문지식과 응용능력
3. 예의ㆍ품행 및 성실성
4. 의사 발표의 정확성과 논리성

[전문개정 2010. 11. 19.]

제5조(수험절차) 제1차시험에 합격한 사람이 아니면 제2차시험에 응시할 수 없고, 제2차시험에 합격한 사람이 아니면 제3차시험에 응시할 수 없다.

[전문개정 2010. 11. 19.]

제6조(시험과목 등) ① 제1차시험 및 제2차시험의 과목 및 과목별

배점은 별표 2와 같다.

② 제1항에 따른 제1차시험의 과목 중 영어과목은 그 시험공고일부터 거꾸로 계산하여 2년이 되는 날이 속하는 해의 1월 1일 이후에 실시된 영어능력검정시험 중 별표 3에서 정한 영어능력검정시험(이하 이 조에서 "영어시험"이라 한다)에서 취득한 성적으로 대체한다. 〈개정 2019. 7. 2.〉

③ 시험에 응시하려는 사람은 응시원서와 함께 영어시험 성적표를 제출하여야 한다.

[전문개정 2010. 11. 19.]

제7조(시험의 일부면제) ① 법 제3조의3제1항 각 호 외의 부분에서 "대통령령으로 정하는 일부 과목"이란 제6조제1항에 따른 제2차시험의 과목 중 노동법을 말한다.

② 법 제3조의3제2항에 따라 다음 각 호의 어느 하나에 해당하는 경력의 통산경력이 10년 이상인 사람에 대해서는 제6조제1항에 따른 제1차시험의 과목 중 노동법(1) 및 노동법(2)를 면제한다. 〈개정 2013. 3. 23.〉

1. 제7조의2에 따른 공무원으로 근무한 경력

2. 지방자치단체에서 별표 1의 노동 관계 법령의 시행에 관한 사무에 직접 종사한 공무원 또는 해양수산부(1996년 8월 7일 이전의 해운항만청, 2008년 2월 28일 이전의 해양수산부 및 2013년 3월 22일 이전의 국토해양부를 포함한다) 소속 선원근로감독관으로 근무한 경력

3. 조합원 100명 이상인 「노동조합 및 노동관계조정법」 제10조제

1항 및 제2항에 따른 단위노동조합, 산업별 연합단체 또는 총연합단체인 노동조합에서 같은 법 제24조제2항에 따른 전임자로 근무한 경력

4. 상시근로자 300명 이상인 사업 또는 사업장에서 노무관리업무 전담자로 근무한 경력

5. 고용노동부장관이 인정하는 사용자단체에서 회원업체의 노무관리 지도업무 전담자로 근무한 경력

③ 제1항 및 제2항에 따라 시험의 일부를 면제받으려는 사람은 고용노동부령으로 정하는 바에 따라 시험면제 신청을 하여야 한다.

[전문개정 2010. 11. 19.]

제7조의2(공무원의 범위) 법 제3조의3제3항에 따른 노동행정에 종사한 공무원의 범위는 고용노동부(1981년 4월 7일 이전의 노동청 및 1963년 8월 31일 이전의 보건사회부 노동국을 포함한다)와 그 소속 기관, 중앙노동위원회 또는 지방노동위원회에서 근무한 공무원으로 한다.

[전문개정 2010. 11. 19.]

제8조(시험위원회) ① 시험을 실시할 때마다 다음 각 호의 사항을 심의하기 위하여 공인노무사 시험위원회(이하 "위원회"라 한다)를 구성한다.

1. 시험문제의 출제 및 채점

2. 시험 합격자의 결정

3. 그 밖에 시험에 관하여 위원회의 위원장이 회의에 부치는 사항

② 위원회는 「한국산업인력공단법」에 따른 한국산업인력공단(이하

"한국산업인력공단"이라 한다) 이사장과 고용노동부장관이 위촉하는 시험위원으로 구성한다.

③ 위원회의 위원장은 한국산업인력공단 이사장이 된다.

④ 시험위원은 공인노무사의 직무와 관련된 학식과 경험이 풍부한 사람 중에서 제1차·제2차 및 제3차시험의 시험위원으로 구분하여 위촉하며, 제1차시험 및 제2차시험의 시험위원은 과목당 3명 이상으로, 제3차시험의 시험위원은 3명 이상으로 한다.

⑤ 제1항부터 제4항까지에서 규정한 사항 외에 위원회의 운영에 필요한 사항은 위원장이 위원회의 의결을 거쳐 정한다.

[전문개정 2010. 11. 19.]

제9조(시험수당의 지급) 제8조제2항에 따라 위촉된 시험위원과 시험관리 및 감독 업무에 종사하는 사람에게는 예산의 범위에서 수당을 지급할 수 있다.

[전문개정 2010. 11. 19.]

제10조(시험의 실시 및 공고) ① 시험은 매년 한 차례 이상 실시한다.

② 고용노동부장관은 시험의 응시자격·시험과목·일시·장소·응시절차, 그 밖에 시험에 필요한 사항을 응시희망자가 알 수 있도록 시험시행일 90일 전까지 관보 또는 일간신문 중의 어느 하나 이상에 공고하고, 인터넷 홈페이지에도 게재해야 한다. 〈개정 2012. 5. 1., 2020. 7. 28.〉

③ 고용노동부장관은 공인노무사의 수급(需給) 상황 등을 고려하여 법 제3조의4에 따른 공인노무사자격심의위원회(이하 "심의위원

회"라 한다)의 심의를 거쳐 제2차시험의 최소합격인원을 정하여 공고할 수 있다.

[전문개정 2010. 11. 19.]

제11조(응시원서 및 수수료) ① 시험에 응시하려는 사람은 고용노동부령으로 정하는 바에 따라 응시원서를 제출하여야 한다.

② 제1항에 따라 응시원서를 제출할 때에는 7만원 이하의 범위에서 고용노동부령으로 정하는 바에 따라 한국산업인력공단 이사장이 고용노동부장관의 승인을 받아 결정한 수수료를 현금 또는 정보통신망을 이용한 전자화폐·전자결제 등의 방법으로 한국산업인력공단에 내야 한다. 〈개정 2011. 3. 22., 2016. 4. 26.〉

③ 한국산업인력공단 이사장은 제2항에 따라 수수료를 낸 사람이 다음 각 호의 어느 하나에 해당하는 경우에는 수수료의 전부 또는 일부를 다음 각 호의 구분에 따라 반환하여야 한다. 〈개정 2016. 4. 26.〉

1. 수수료를 과오납(過誤納)한 경우: 과오납한 금액의 전부
2. 공단의 귀책사유로 시험에 응시하지 못한 경우: 납부한 수수료 전부
3. 시험 시행일의 20일 전까지 접수를 취소하는 경우: 납부한 수수료 전부
4. 시험 시행일의 10일 전까지 접수를 취소하는 경우: 납부한 수수료의 100분의 50

④ 제3항에 따른 수수료의 반환절차 및 반환방법 등은 제10조제2항에 따른 시험시행공고에서 정하는 바에 따른다. 〈신설 2016. 4. 26.〉

[전문개정 2010. 11. 19.]

제12조(합격자 결정 및 공고) ① 제1차시험 합격자의 결정은 영어과목을 제외한 나머지 과목에서 각 과목 40점 이상, 전 과목 평균 60점 이상을 득점한 사람으로 하며, 제2차시험 합격자의 결정은 각 과목 만점의 40퍼센트 이상, 전 과목 총점의 60퍼센트 이상 득점한 사람으로 한다. 다만, 제2차시험에서 각 과목 만점의 40퍼센트 이상, 전 과목 총점의 60퍼센트 이상을 득점한 사람이 제10조제3항에 따른 최소합격인원에 이르지 못한 경우에는 최소합격인원에 미달한 인원수의 범위에서 각 과목 만점의 40퍼센트 이상 득점한 사람 중에서 전 과목 총득점이 높은 사람부터 차례로 추가하여 합격자를 결정한다.

② 법 제3조의3제1항에 따라 제2차시험과목 중 일부를 면제받는 사람에 대하여 제1항 단서에 따라 합격 여부를 결정하는 경우에는 각 과목 만점의 40퍼센트 이상을 득점한 사람의 과목별 득점 합계에 1.5를 곱하여 산출한 점수를 전 과목 총득점으로 본다.

③ 제1항 단서와 제2항에 따라 합격자를 결정하는 경우에 제2차시험의 최소합격인원을 초과하여 동점자가 있을 때에는 해당 동점자 모두를 합격자로 결정한다. 이 경우 동점자의 점수는 소수점 이하 셋째 자리에서 반올림하여 둘째 자리까지 계산한다.

④ 제3차시험에서는 제4조제3항 각 호의 면접시험 평정요소마다 "상"(3점), "중"(2점), "하"(1점)로 구분하고, 총 12점 만점으로 채점하여 각 시험위원이 채점한 평점의 평균이 "중"(8점) 이상인 사람을 합격자로 한다. 다만, 위원의 과반수가 어느 하나의 같은 평정요소

를 "하"로 평정하였을 때에는 불합격으로 한다.

⑤ 고용노동부장관은 최종 시험합격자가 결정되었을 때에는 모든 응시자가 알 수 있는 방법으로 이를 공고하고, 합격자에게는 합격 사실을 통지하여야 한다.

⑥ 시험성적의 세부산출방법이나 그 밖에 합격 결정에 필요한 사항은 고용노동부령으로 정한다. 〈신설 2011. 3. 22.〉

[전문개정 2010. 11. 19.]

제13조삭제 〈2007. 12. 28.〉

제14조(자격증의 발급) ① 법 제3조에 따른 공인노무사의 자격이 있는 사람으로서 공인노무사 자격증(이하 "자격증"이라 한다)을 발급받으려는 사람은 고용노동부령으로 정하는 바에 따라 자격증 발급신청서를 고용노동부장관에게 제출하여야 한다.

② 고용노동부장관은 제1항에 따른 자격증 발급신청서를 제출받으면 5일 이내에 고용노동부령으로 정하는 자격증을 신청인에게 발급하여야 한다.

③ 제2항에 따라 발급받은 자격증을 잃어버리거나 자격증이 헐어 못 쓰게 되어 다시 발급받으려는 사람은 고용노동부령으로 정하는 바에 따라 자격증 재발급신청서를 고용노동부장관에게 제출하여야 한다.

④ 고용노동부장관은 제2항 또는 제3항에 따라 자격증을 발급하거나 재발급한 때에는 고용노동부령으로 정하는 자격증 발급대장에 해당 사실을 기록하여야 한다.

[전문개정 2016. 4. 26.]

제14조의2(공인노무사자격심의위원회의 구성) ① 심의위원회는 위원장 1명을 포함한 11명 이내의 위원으로 구성한다.

② 심의위원회의 위원장은 고용노동부의 공인노무사 사무를 담당하는 고위공무원단에 속하는 일반직공무원 중 직무등급이 가장 높은 등급의 직위에 보직된 공무원이 되고, 위원은 다음 각 호의 사람이 된다.

1. 고용노동부의 3급 공무원 또는 고위공무원단에 속하는 일반직공무원 중 고용노동부장관이 지명하는 사람

2. 다음 각 목의 어느 하나에 해당하는 사람 중에서 고용노동부장관이 위촉하는 사람

가. 「고등교육법」 제2조에 따른 학교에서 노동경제·노동법학, 그 밖에 이와 관련된 분야의 부교수 이상의 직으로 재직하고 있거나 재직하였던 사람

나. 「노동조합 및 노동관계조정법」 제10조제2항에 따른 총연합단체인 노동조합에서 추천한 사람

다. 전국적인 규모를 가지는 사용자단체에서 추천한 사람

라. 「비영리민간단체 지원법」 제2조에 따른 비영리민간단체에서 추천한 사람

마. 노동 관계 법령에 관한 학식과 경험이 풍부한 사람으로서 법 제24조에 따른 한국공인노무사회(이하 "공인노무사회"라 한다)에서 추천한 사람

바. 그 밖에 노동 관계 법령에 관한 학식과 경험이 풍부한 사람

③ 고용노동부장관이 위촉하는 위원의 임기는 3년으로 한다.

④ 고용노동부장관은 제2항제2호에 따른 위원이 다음 각 호의 어느 하나에 해당하는 경우에는 해당 위원을 해촉(解囑)할 수 있다. 〈신설 2016. 4. 26.〉

1. 심신장애로 인하여 직무를 수행할 수 없게 된 경우
2. 직무와 관련된 비위사실이 있는 경우
3. 직무태만, 품위손상이나 그 밖의 사유로 인하여 위원으로 적합하지 아니하다고 인정되는 경우
4. 위원 스스로 직무를 수행하는 것이 곤란하다고 의사를 밝히는 경우

⑤ 심의위원회에 심의위원회의 사무를 처리할 간사 1명을 두되, 간사는 심의위원회 위원장이 고용노동부 소속 공무원 중에서 지명한다. 〈개정 2016. 4. 26.〉

[전문개정 2010. 11. 19.]

제14조의3(심의위원회의 회의) ① 심의위원회의 회의는 재적위원 과반수의 출석과 출석위원 과반수의 찬성으로 의결한다.

② 이 영에서 규정한 사항 외에 심의위원회의 운영 등에 필요한 사항은 심의위원회의 의결을 거쳐 위원장이 정한다.

[전문개정 2010. 11. 19.]

제14조의4(위원의 수당 등) 심의위원회에 출석한 위원에게는 예산의 범위에서 수당과 여비를 지급할 수 있다. 다만, 공무원인 위원이 그 소관 업무와 직접 관련되어 심의위원회에 출석하는 경우에는 그러하지 아니하다.

[전문개정 2010. 11. 19.]

제15조(직무개시 등록절차) ① 법 제5조제1항에 따라 직무개시의 등록을 하려는 사람은 고용노동부령으로 정하는 바에 따라 직무개시 등록신청서를 공인노무사회에 제출해야 한다. 〈개정 2020. 7. 28.〉

② 공인노무사회는 제1항에 따른 등록 신청을 받으면 공인노무사 직무개시 등록부에 다음 각 호의 사항을 기록하고 신청인에게 등록증을 발급해야 한다. 〈개정 2020. 7. 28.〉

1. 공인노무사의 주소·성명 및 주민등록번호
2. 사무소의 명칭 및 소재지
3. 등록번호
4. 그 밖에 고용노동부령으로 정하는 사항

③ 공인노무사는 제2항에 따른 등록사항이 변경되거나 휴업을 했을 때에는 지체 없이 이를 공인노무사회에 알려야 한다. 〈개정 2020. 7. 28.〉

④ 공인노무사는 제2항에 따라 발급받은 등록증을 잃어버리거나 그 등록증이 헐어 못 쓰게 된 경우 또는 제3항에 따라 등록사항의 변경을 알린 경우에는 고용노동부령으로 정하는 바에 따라 등록증을 다시 발급받아야 한다.

[전문개정 2010. 11. 19.]

제16조(연수교육) ① 법 제5조의2제1항에 따른 공인노무사의 연수교육은 6개월 이상 1년 이내로 한다. 〈개정 2016. 6. 30., 2020. 7. 28.〉

② 제1항에 따른 연수교육은 제18조에 따른 지정교육기관 기준에 해당하는 기관 중 고용노동부령으로 정하는 단체나 기관 또는 대학

(이하 “연수교육기관”이라 한다)이 실시한다.

③ 연수교육은 고용노동부령으로 정하는 바에 따라 직무교육과 실무수습으로 구성한다.

[전문개정 2010. 11. 19.]

제17조(보수교육) ① 법 제5조의2제2항에 따른 보수(補修)교육은 공인노무사 직무에 관한 교육과 직업윤리의식에 관한 교육으로 구성한다. 〈개정 2016. 4. 26., 2020. 7. 28.〉

② 법 제5조의2제2항 각 호 외의 부분 본문에서 “대통령령으로 정하는 시간”이란 8시간을 말한다. 〈개정 2016. 4. 26.〉

[본조신설 2010. 11. 19.]

제18조(지정교육기관 기준 등) ① 고용노동부장관은 법 제5조의2제3항에 따라 비영리법인이나 「공공기관의 운영에 관한 법률」 제4조제1항에 따른 공공기관 또는 「고등교육법」 제2조제1호에 따른 대학으로서 다음 각 호의 요건을 모두 갖춘 자 중에서 지정교육기관을 지정한다. 〈개정 2016. 6. 30.〉

1. 30명 이상을 수용할 수 있는 강의실을 갖추고 있을 것

2. 고용노동 분야에 전문지식과 경험이 있는 2명 이상의 사람이 근무하고 있어 교육역량이 있다고 인정될 것

② 지정교육기관의 지정 신청, 지정절차, 그 밖에 필요한 사항은 고용노동부장관이 정한다.

[본조신설 2010. 11. 19.]

제19조삭제 〈2016. 4. 26.〉

제19조의2(노무법인의 설립인가 신청) ① 법 제7조의4제1항 전단에

따른 노무법인의 설립인가를 받으려는 자는 고용노동부령으로 정하는 바에 따라 노무법인의 설립인가신청서에 다음 각 호의 서류를 첨부하여 고용노동부장관에게 제출하여야 한다.

1. 정관
2. 업무계획서 및 예산서
3. 그 밖에 고용노동부장관이 정하는 서류

② 고용노동부장관은 법 제7조의4제1항 전단에 따른 노무법인의 설립인가를 하였을 때에는 노무법인 인가대장에 다음 각 호의 사항을 기록하고 신청인에게 노무법인 설립인가증을 발급하여야 한다.

1. 인가 번호 및 인가 연월일
2. 노무법인의 명칭
3. 주사무소 및 분사무소의 소재지
4. 사원의 성명 및 주소
5. 그 밖에 고용노동부장관이 필요하다고 인정하는 사항

③ 고용노동부장관은 제2항에 따라 신청인에게 노무법인 설립인가증을 발급한 경우에는 그 사실을 공인노무사회에 알려주어야 한다.

[전문개정 2010. 11. 19.]

제19조의3(노무법인의 정관 변경인가 신청) ① 법 제7조의4제1항 후단에 따라 노무법인의 정관 변경인가를 받으려는 자는 고용노동부령으로 정하는 바에 따라 정관 변경인가 신청서에 다음 각 호의 서류를 첨부하여 고용노동부장관에게 제출하여야 한다.

1. 정관 변경 이유서

2. 정관 변경안

3. 정관 변경에 관한 노무법인 사원총회 회의록 사본

② 고용노동부장관은 제1항에 따른 노무법인의 정관 변경을 인가하였을 때에는 노무법인 인가대장에 그 뜻을 기록하고, 신청인에게 노무법인 정관 변경인가증을 발급하여야 한다.

③ 노무법인 정관 변경인가에 관하여는 제19조의2제3항을 준용한다.

[전문개정 2010. 11. 19.]

제19조의4(정관의 기재사항) 법 제7조의4제2항제7호에서 "대통령령으로 정하는 사항"이란 다음 각 호의 사항을 말한다.

1. 노무법인을 대표하는 사원에 관한 사항

2. 노무법인의 업무를 집행하는 사원의 권리·의무의 제한에 관한 사항

3. 사원총회에 관한 사항

[전문개정 2010. 11. 19.]

제19조의5(노무법인의 설립등기) ① 법 제7조의4제3항에 따른 노무법인의 설립등기는 제19조의2제2항에 따른 설립인가증을 받은 날부터 14일 이내에 해당 노무법인의 주사무소 소재지에서 하여야 한다.

② 제1항에 따른 등기에는 다음 각 호의 사항이 포함되어야 한다.

1. 목적

2. 명칭

3. 사원의 성명 및 주소

4. 주사무소와 분사무소의 소재지

5. 사원의 출자 종류, 재산출자의 경우에는 그 가격과 이행한 부분

6. 존립기간, 그 밖에 해산 사유를 정한 경우에는 그 기간 또는 사유

7. 노무법인을 대표하는 사원을 정한 경우에는 그 성명

③ 노무법인의 등기는 사원 전원이 공동으로 신청하여야 하며, 그 신청서에는 다음 각 호의 서류를 첨부하여야 한다.

1. 정관

2. 노무법인 설립인가증

3. 재산출자에 관하여 이행한 부분을 증명하는 서면

④ 고용노동부장관은 제1항에 따른 설립등기 내용에 대해서는 「전자정부법」 제36조제1항에 따른 행정정보의 공동이용을 통하여 법인 등기사항증명서를 확인하여야 한다.

[전문개정 2010. 11. 19.]

제19조의6(분사무소 설치 등의 등기) ① 노무법인의 분사무소의 설치등기, 주사무소·분사무소의 이전등기 및 제19조의5제2항 각 호의 어느 하나에 해당하는 사항에 대한 변경등기에 관하여는 「상법」 제181조부터 제183조까지의 규정을 준용하되, 고용노동부장관의 인가를 받아야 할 사항이 있을 때에는 해당 인가증을 받은 날부터 등기기간을 기산(起算)한다.

② 제1항에 따라 고용노동부장관의 인가를 받아야 할 사항이 있어서 해당 인가증을 받은 날부터 등기기간을 기산하는 경우에는 등기신청서에 해당 인가증을 첨부하여야 한다.

③ 고용노동부장관은 제1항에 따른 등기 내용에 대해서는 「전자정부법」 제36조제1항에 따른 행정정보의 공동이용을 통하여 법인

등기사항증명서를 확인하여야 한다.

[전문개정 2010. 11. 19.]

제19조의7(준용규정) 노무법인의 등기에 관하여는 법 및 이 영에서 규정한 사항 외에 「상업등기법」 제3조부터 제6조까지, 제8조, 제9조, 제11조제2항 · 제3항, 제12조부터 제20조까지, 제22조부터 제28조까지, 제54조부터 제67조까지, 제70조부터 제72조까지, 제75조부터 제89조까지 및 제91조를 준용한다. 〈개정 2020. 7. 28.〉

[전문개정 2010. 11. 19.]

제19조의8삭제 〈2010. 11. 19.〉

제19조의9삭제 〈1999. 4. 9.〉

제20조삭제 〈2007. 12. 28.〉

제20조의2(보증보험 가입) ① 법 제12조의4에 따라 노무법인은 노무법인의 설립인가를 받은 후 15일 이내에 보험금액 1억원 이상의 보증보험에, 법 제5조제1항에 따라 등록을 한 공인노무사(이하 “개업노무사”라 한다)는 사무소 또는 합동사무소 설치신고를 마친 후 15일 이내에 개업노무사 1명당 보험금액 2천만원 이상의 보증보험에 각각 가입하고 해당 증명서류를 갖추어 공인노무사회에 제출하여야 한다. 〈개정 2020. 7. 28.〉

② 노무법인 및 개업노무사가 보증보험에 가입한 후 그 보증기간이 만료될 때에는 그 보증기간 만료일까지 다시 보증보험에 가입하고 그 증명서류를 갖추어 공인노무사회에 제출하여야 한다.

[전문개정 2010. 11. 19.]

제20조의3(보증보험금의 지급 등) ① 의뢰인이 손해배상금으로 보증

보험금을 지급받으려는 경우에는 고용노동부령으로 정하는 신청서에 해당 의뢰인과 노무법인 또는 개업노무사 간의 손해배상합의서, 화해조서, 법원의 확정판결서 사본, 그 밖에 이에 준하는 효력이 있는 서류를 첨부하여 공인노무사회에 제출하여야 한다. 이 경우 공인노무사회는 고용노동부령으로 정하는 보증보험금 지급 사유 발생확인서를 지체 없이 발급하여야 한다.

② 노무법인 및 개업노무사는 보증보험금으로 손해배상을 하였을 때에는 15일 이내에 보증보험에 다시 가입하여야 한다.

[전문개정 2010. 11. 19.]

제20조의4삭제 〈2010. 11. 19.〉

제20조의5(징계위원회의 구성) ① 법 제20조의2제2항에 따른 공인노무사징계위원회(이하 "징계위원회" 라 한다)는 위원장 1명을 포함한 7명의 위원으로 구성한다.

② 징계위원회의 위원장(이하 "징계위원장"이라 한다)은 고용노동부의 고위공무원단에 속하는 일반직공무원 중에서 고용노동부장관이 지명하는 사람으로 하고, 그 외의 위원은 다음 각 호의 사람으로 한다.

1. 법제처 및 중앙노동위원회의 3급 공무원 또는 고위공무원단에 속하는 일반직공무원 중에서 해당 기관의 장이 지명하는 사람 각 1명

2. 고용노동부의 3급 공무원 또는 고위공무원단에 속하는 일반직공무원 중에서 고용노동부장관이 지명하는 사람 2명

3. 변호사의 자격이 있는 사람 중에서 법무부장관이 지명하는 사

람 1명

4. 공인노무사회의 장이 추천하는 공인노무사 중에서 고용노동부장관이 지명하는 사람 1명

[전문개정 2010. 11. 19.]

제20조의6(징계위원장) ① 징계위원장은 징계위원회를 대표하고 징계위원회의 사무를 총괄하며, 징계위원회의 회의를 소집하고 그 의장이 된다.

② 징계위원장이 부득이한 사유로 직무를 수행할 수 없을 때에는 징계위원장이 미리 지명한 위원이 그 직무를 대행한다.

[전문개정 2010. 11. 19.]

제20조의7(징계의결의 요구) ① 고용노동부장관은 공인노무사에게 법 제20조제1항 각 호의 어느 하나에 해당하는 사유가 있다고 인정하는 경우에는 그 증명서류를 갖추어 징계위원회에 징계의결을 요구한다.

② 징계위원회는 제1항에 따른 요구를 받으면 지체 없이 그 내용을 징계혐의자에게 통지하여야 한다.

[전문개정 2010. 11. 19.]

제20조의8(징계의결기한) 징계위원회는 징계의결의 요구를 받은 날부터 30일 이내에 징계에 관한 의결을 하여야 한다. 다만, 부득이한 사유로 그 기간에 의결할 수 없는 경우에는 30일의 범위에서 그 기간을 연장할 수 있다.

[전문개정 2010. 11. 19.]

제20조의9(징계위원회의 의결) 징계위원회의 회의는 재적위원 과반

수의 출석과 출석위원 과반수의 찬성으로 의결한다.

[전문개정 2010. 11. 19.]

제20조의10(제척 및 기피) ① 징계위원회의 위원 중 징계혐의자의 친족이거나 그 징계 사유와 관계가 있는 사람은 그 징계사건의 심의·의결에 관여하지 못한다.

② 징계혐의자는 징계위원회의 위원 중 불공정한 의결을 할 우려가 있다고 의심할 만한 상당한 사유가 있는 위원이 있을 때에는 그 사유를 서면으로 밝히고 기피를 신청할 수 있다.

③ 제2항에 따른 기피 신청이 있을 때에는 징계위원회의 의결로 해당 위원의 기피 여부를 결정한다. 이 경우 기피 신청의 대상이 된 위원은 그 의결에 참여하지 못한다.

[전문개정 2010. 11. 19.]

제20조의11(징계의결의 통보 등) 징계위원회는 징계혐의자에 대하여 징계의결을 하였을 때에는 지체 없이 그 사유를 명시하여 고용노동부장관에게 통보하여야 한다.

[전문개정 2010. 11. 19.]

제21조(회칙) 법 제24조제3항에 따른 공인노무사회의 회칙에는 다음 각 호의 사항이 포함되어야 한다. 〈개정 2020. 7. 28.〉

1. 목적
2. 명칭과 사무소의 소재지
3. 회장·부회장·이사 및 감사 등 임원에 관한 사항
4. 총회의 구성·운영에 관한 사항
5. 회원 중에서 선출된 대의원으로 구성되는 대의원총회의 구성·

운영에 관한 사항

6. 고용노동부장관에 대한 제4호에 따른 총회 및 제5호에 따른 대의원총회의 결과 보고에 관한 사항

7. 회원의 입회, 탈퇴 및 징계에 관한 사항

8. 개업노무사 등록, 등록거부, 등록취소 및 폐업에 관한 사항

9. 공인노무사의 교육에 관한 사항

10. 회원의 품위 유지와 복지 증진에 관한 사항

11. 사업계획, 회비 부담과 예산 및 회계에 관한 사항

12. 공인노무사회 및 지회(支會)의 설치·운영에 관한 사항

13. 법 제24조의3에 따른 등록심사위원회의 구성과 운영 등에 필요한 사항

14. 회칙의 변경에 관한 사항

[전문개정 2010. 11. 19.]

제22조(사업계획 및 예산) 공인노무사회는 사업연도마다 사업계획 및 예산안을 작성하여 총회의 의결을 거쳐 확정하여야 한다.

[본조신설 2007. 12. 28.]

제23조삭제 〈1999. 4. 9.〉

제24조삭제 〈1999. 4. 9.〉

제25조삭제 〈1999. 4. 9.〉

제26조(업무 위탁) ① 고용노동부장관은 법 제26조제1항에 따라 제14조에 따른 자격증 발급·재발급 신청서의 접수, 자격증 발급 및 자격증 발급대장에의 기록 업무를 공인노무사회에 위탁한다. 〈개정 2016. 4. 26., 2020. 7. 28.〉

1. 삭제 〈2020. 7. 28.〉

2. 삭제 〈2020. 7. 28.〉

3. 삭제 〈2020. 7. 28.〉

4. 삭제 〈2020. 7. 28.〉

② 고용노동부장관은 법 제26조제2항에 따라 다음 각 호의 시험 관리업무를 한국산업인력공단에 위탁한다.

1. 제7조제3항에 따른 시험의 일부면제 신청의 수리

2. 제8조제2항에 따른 시험위원의 위촉

3. 제9조에 따른 시험수당의 지급

4. 제10조에 따른 시험의 실시 및 공고

5. 제12조에 따른 합격자의 결정·공고 및 통지

[전문개정 2010. 11. 19.]

제27조(과태료의 부과) 법 제30조제1항에 따른 과태료의 부과기준은 별표 4와 같다.

[전문개정 2020. 7. 28.]

제28조(권한의 위임) 고용노동부장관은 법 제31조에 따라 다음 각 호의 권한을 지방고용노동관서의 장에게 위임한다. 〈개정 2011. 3. 22., 2020. 7. 28.〉

1. 법 제7조의4제1항 전단에 따른 노무법인의 설립·변경 인가

2. 법 제7조의5에 따른 노무법인의 해산신고의 접수

3. 법 제7조의6에 따른 노무법인의 설립인가 취소 및 업무정지 명령

4. 법 제18조에 따른 보고·자료제출의 명령, 출입·검사

4의2. 법 제25조제4항에 따른 등록 등에 관한 보고의 접수

5. 법 제30조에 따른 과태료의 부과·징수

[전문개정 2010. 11. 19.]

제29조(민감정보 및 고유식별정보의 처리) 고용노동부장관(제26조에 따라 고용노동부장관의 업무를 위탁받은 자를 포함한다) 또는 공인노무사회는 다음 각 호의 사무를 수행하기 위하여 불가피한 경우 「개인정보 보호법 시행령」 제18조제2호에 따른 범죄경력자료에 해당하는 정보와 같은 영 제19조제1호 또는 제4호에 따른 주민등록번호 또는 외국인등록번호가 포함된 자료를 처리할 수 있다. 〈개정 2020. 7. 28.〉

1. 법 제3조의2에 따른 공인노무사 자격시험에 관한 사무

2. 법 제3조의3에 따른 시험의 일부면제에 관한 사무

3. 법 제5조 또는 제19조에 따른 등록 또는 등록 취소에 관한 사무

4. 법 제20조에 따른 공인노무사에 대한 징계에 관한 사무

[본조신설 2012. 1. 6.]

제30조삭제 〈2016. 4. 26.〉

부칙 〈제11730호, 1985. 7. 25.〉

①(시행일) 이 영은 공포한 날로부터 시행한다.

②(공인노무사자격시험에 관한 적용례) 공인노무사자격시험은 제10조제1항의 규정에 불구하고 1985년도에는 이를 실시하지 아니할 수 있다.

부칙 〈제12157호, 1987. 5. 15.〉 (지방노동관서직제)

제1조 (시행일) 이 영은 공포한 날로부터 시행한다.

제2조 (다른 법령의 개정) ①생략

②공인노무사법시행령중 다음과 같이 개정한다

제15조중 "노동부지방사무소장(출장소장을 포함한다. 이하 같다)"을 "노동부지방사무소장 또는 사무소장"으로 한다.

제19조제1항 · 제20조제2항 및 제28조중 "노동부지방사무소장"을 각각 "노동부지방사무소장 또는 사무소장"으로 한다.

③ 내지 ⑨〈생략〉

제3조 생략

부칙 〈제12282호, 1987. 12. 1.〉

①(시행일) 이 영은 공포한 날로부터 시행한다.

②(제1차시험 합격자결정방법 변경에 따른 경과조치) 이 영 시행전에 종전의 규정에 의하여 공인노무사 제1차시험에 합격한 자는 이 영에 의하여 합격한 것으로 보며, 공인노무사 제2차시험을 3회 이상 실시할 때까지는 제12조제1항의 개정규정중 "최근에 실시한 3회의 제2차시험 합격자 수"는 "당해 시험전까지 실시한 제2차시험 합격자 수"로 본다.

③(허가기준의 변경에 따른 경과조치) 이 영 시행전에 실시한 공인노무사 자격시험에 합격한 자로서 제7조제1항 각호의 1의 경력이 있는 자에 대하여는 직무개시의 허가기준을 적용함에 있어서 제16조의 개정규정에 불구하고 종전의 규정에 의한다.

부칙 〈제12306호, 1987. 12. 9.〉 (지방노동관서직제)

제1조 (시행일) 이 영은 공포한 날로부터 시행한다.

제2조 (다른 법령의 개정) ①생략

②공인노무사법시행령중 다음과 같이 개정한다.

제15조·제19조제1항·제20조제2항 및 제28조중 “노동부지방사무소장”을 각각 “지방노동청장”으로 한다.

③ 내지 ⑪〈생략〉

제3조 생략

부칙 〈제13169호, 1990. 11. 29.〉

제1조 (시행일) 이 영은 공포한 날부터 시행한다.

제2조 (시험에 관한 적용례) 제7조제2항 및 별표2의 개정규정은 1992년 1월 1일이후 최초로 시행되는 시험부터 이를 적용한다.

제3조 (실무수습에 대한 경과조치) ①법 시행후 이 영 시행전에 종전의 규정에 의하여 노동부령이 정하는 소정의 실무교육을 이수한 자에 대하여는 제16조의 규정에 의한 실무수습중 직무교육을 이수한 것으로 보며 사무소 수습기간은 6월이내로 한다.

②이 영 시행당시 대통령령 제12282호 부칙 제3항의 규정에 해당하는 자에 대하여는 제16조의 규정에 의한 실무수습을 이수한 것으로 본다.

부칙 〈제14628호, 1995. 4. 15.〉 (산업재해보상보험법시행령)

제1조 (시행일) 이 영은 1995년 5월 1일부터 시행한다.

제2조 및 제3조 생략

제4조 (다른 법령의 개정) ①내지 ③생략

④공인노무사법시행령중 다음과 같이 개정한다.

[별표1]중 제7호를 삭제한다.

[별표2]의 노동법의 비고란중 “산업재해보상보험업무및심사에관한 법률”을 삭제한다.

⑤내지 ⑮생략

제5조 생략

부칙 〈제14977호, 1996. 4. 12.〉

①(시행일) 이 영은 공포한 날부터 시행한다. 다만, 제2조의2 및 제20조의4의 개정규정은 1996년 6월 7일부터, 제10조제1항 · 제20조의2 · 제20조의3의 개정규정은 1997년 1월 1일부터 시행한다.

②(적용례) 제20조의2제1항의 개정규정에 불구하고 1996년 12월 31일 이전에 설립인가를 받은 노무법인 또는 사무소 설치신고를 한 개업노무사는 1997년 1월 15일까지 보증보험에 가입하고 관할지방노동관서의 장에게 신고하여야 한다.

부칙 〈제15781호, 1998. 4. 27.〉

이 영은 공포한 날부터 시행한다. 다만, 제19조의9의 개정규정은 1998년 12월 25일부터 시행한다.

부칙 〈제16243호, 1999. 4. 9.〉

①(시행일) 이 영은 공포한 날부터 시행한다.

②(등록신청 등에 관한 경과조치) 이 영 시행당시 종전의 규정에 의하여 직무개시등록신청서 · 등록변경신고서 · 노무법인설립인가신청서 · 노무법인정관변경인가신청서를 공인노무사회에 제출한 자는 이 영에 의하여 이를 노동부장관에게 제출한 것으로 본다. 이 경우 공인노무사회는 지체없이 이를 노동부장관에게 이송하여야 한다.

③(다른 법령의 개정) 행정권한의위임및위탁에관한규정중 다음과 같이 개정한다.

제50조제3호를 삭제한다.

부칙 〈제17193호, 2001. 4. 9.〉

①(시행일) 이 영은 공포한 날부터 시행한다.

②(공인노무사 자격취득에 필요한 연수) 법률 제6333호 공인노무사법중개정법률 부칙 제3항에서 “대통령령이 정하는 연수”라 함은 노동부장관이 지정하는 기관에서 실시하는 60시간 이상의 교육을 말한다. 이 경우 교육의 내용 · 방법 · 실시기관 등 교육에 관하여 필요한 사항은 노동부장관이 정한다.

부칙 〈제18312호, 2004. 3. 17.〉 (전자적민원처리를위한가석방자관리규정등중개정령)

이 영은 공포한 날부터 시행한다.

부칙 〈제19367호, 2006. 3. 2.〉 (노동부와 그 소속기관 직제)

제1조 (시행일) 이 영은 공포한 날부터 시행한다.

제2조 생략

제3조 (다른 법령의 개정) ①및 ②생략

③공인노무사법시행령 일부를 다음과 같이 개정한다.

제19조제1항중 "지방노동사무소장"을 "지청장"으로 한다.

④내지 ⑥생략

제4조 생략

부칙 〈제19513호, 2006. 6. 12.〉 (고위공무원단 인사규정)

제1조 (시행일) 이 영은 2006년 7월 1일부터 시행한다.

제2조 및 제3조 생략

제4조 (다른 법령의 개정) ①내지 ⑱생략

⑲공인노무사법시행령 일부를 다음과 같이 개정한다.

제14조의2제2항제1호중 "2급 또는 3급 공무원"을 "3급 공무원 또는 고위공무원단에 속하는 일반직공무원"으로 한다.

제20조의5제2항 각호외의 부분중 "노동부소속 1급공무원"을 "노동부의 고위공무원단에 속하는 일반직공무원"으로 하고, 동항제1호중 "중앙노동위원회 소속 3급이상 공무원"을 "중앙노동위원회의 3급 공무원 또는 고위공무원단에 속하는 일반직공무원"으로 하며, 동항제2호중 "노동부소속 3급이상 공무원"을 "노동부의 3급공무원 또는 고위공무원단에 속하는 일반직공무원"으로 한다.

⑳내지 〈241〉생략

부칙 〈제19848호, 2007. 1. 24.〉

이 영은 공포한 날부터 시행한다. 다만, 제28조의 개정규정은 2007년 7월 1일부터 시행한다.

부칙 〈제20171호, 2007. 7. 18.〉 (전자정부법 시행령)

제1조 (시행일) 이 영은 공포한 날부터 시행한다.

제2조 (다른 법령의 개정) ①부터 ⑤까지 생략

⑥공인노무사법시행령 일부를 다음과 같이 개정한다.

제19조의5제4항 단서 및 제19조의6제3항 단서 중 "「전자정부 구현을 위한 행정업무 등의 전자화촉진에 관한 법률」"을 각각 "「전자정부법」"으로 한다.

⑦부터 ⑯까지 생략

제3조 생략

부칙 〈제20485호, 2007. 12. 28.〉

제1조 (시행일) 이 영은 2008년 1월 1일부터 시행한다. 다만, 제14조의2제2항제2호마목, 제21조제1항 및 제22조의 개정규정은 2008년 2월 4일부터 시행하고, 제19조의7의 개정규정 중 「상업등기법」 제12조 및 제18조제2항 · 제4항을 준용하는 부분은 2008년 4월 1일부터 시행하며, 제6조 · 제7조제1항 · 제12조제1항(영어과목에 관한 부분만 해당한다) · 별표 2 및 별표 3의 개정규정은 2010년 1월 1일부터 시행한다.

제2조 (적용례) 제10조제2항 · 제3항 및 제12조제1항(영어과목에 관

한 부분은 제외한다)·제2항·제3항의 개정규정은 2008년 1월 1일 이후 실시되는 공인노무사 자격시험부터 적용한다.

제3조 (최소합격인원제도 도입에 따른 총득점 산정에 관한 경과조치) 2008년 1월 1일부터 2009년 12월 31일까지 실시되는 공인노무사 자격시험에서 최소합격인원에 미달한 인원수에 해당하는 합격자를 결정하는 경우에는 제12조제2항의 개정규정에도 불구하고 제2차시험 과목 중 일부를 면제받는 자에 대하여 매 과목 배점 4할 이상 득점한 자의 과목별 득점 합계에 2를 곱하여 산출한 점수를 전과목 총득점으로 본다.

부칙 〈제20681호, 2008. 2. 29.〉 (노동부와 그 소속기관 직제)

제1조(시행일) 이 영은 공포한 날부터 시행한다. 〈단서 생략〉

제2조 부터 제4조까지 생략

제5조(다른 법령의 개정) ① 부터 ③ 까지 생략

④ 공인노무사법 시행령 일부를 다음과 같이 개정한다.

제7조제2항제2호 중 "해양수산부"를 "국토해양부"로 한다.

⑤ 부터 ⑳ 까지 생략

부칙 〈제21087호, 2008. 10. 20.〉 (행정기관 소속 위원회의 정비를 위한 평생교육법 시행령 등 일부개정령)

제1조 (시행일) 이 영은 공포한 날부터 시행한다. 다만, 제10조는 2008년 11월 1일부터 시행하고, 제24조부터 제26조까지는 2010년

1월 1일부터 시행하며, 제29조는 2009년 7월 1일부터 시행하고, 제48조는 2013년 1월 1일부터 시행한다.

제2조 (「공무원징계령」 개정에 따른 경과조치) ① 이 영 시행 당시 개정 전의 「공무원징계령」에 따른 제1중앙징계위원회 및 제2중앙징계위원회는 이 영에 따른 중앙징계위원회로 본다.

② 이 영 시행 당시 개정 전의 「공무원징계령」에 따라 제1중앙징계위원회 및 제2중앙징계위원회에 접수된 징계의결요구서는 이 영에 따라 중앙징계위원회에 접수된 것으로 본다.

③ 이 영 시행 당시 개정 전의 「공무원징계령」에 따른 제1중앙징계위원회 및 제2중앙징계위원회의 의결은 이 영에 따른 중앙징계위원회의 의결로 본다.

④ 이 영 시행 당시 개정 전의 「공무원징계령」에 따른 제2중앙징계위원회 위원은 이 영에 따라 중앙징계위원회 위원으로 임명 또는 위촉된 것으로 본다.

제3조 (「물류정책기본법 시행령」 개정에 따른 경과조치) 이 영 시행 당시 개정 전의 「물류정책기본법 시행령」에 따라 국토해양부장관이 물류관리사시험위원회의 심의·의결을 거쳐 행한 사항은 이 영에 따라 국토해양부장관이 행한 것으로 본다.

제4조 (다른 법령의 개정) ① 모범공무원규정 일부를 다음과 같이 개정한다.

제4조 중 "「정부표창규정」 제12조의 규정에 의한 중앙공적심사위원회의 심사"를 "행정안전부장관과의 협의"로 한다.

② 법무부와 그 소속기관 직제 일부를 다음과 같이 개정한다.

제13조제3항제57호를 삭제한다.

③ 보건복지가족부와 그 소속기관직제 일부를 다음과 같이 개정한다.

제14조제3항제37호마목을 삭제한다.

④ 행정안전부와 그 소속기관 직제 일부를 다음과 같이 개정한다.

제9조제2항제17호를 삭제한다.

⑤ 행정중심복합도시건설청과 그 소속기관 직제 일부를 다음과 같이 개정한다.

제10조제3항제4호를 삭제한다.

부칙 〈제21928호, 2009. 12. 30.〉 (고용정책 기본법 시행령)

제1조(시행일) 이 영은 2010년 1월 1일부터 시행한다.

제2조 생략

제3조(다른 법령의 개정) ① 생략

② 공인노무사법 시행령 일부를 다음과 같이 개정한다.

별표 1 제16호를 다음과 같이 한다.

16. 「고용정책 기본법」

③ 부터 ⑪ 까지 생략

제4조 생략

부칙 〈제22151호, 2010. 5. 4.〉 (전자정부법 시행령)

제1조(시행일) 이 영은 2010년 5월 5일부터 시행한다.

제2조 및 제3조 생략

제4조(다른 법령의 개정) ① 부터 ㉑ 까지 생략

㉒ 공인노무사법 시행령 일부를 다음과 같이 개정한다.

제19조의5제4항 단서 및 제19조의6제3항 단서 중 "「전자정부법」 제21조제1항"을 각각 "「전자정부법」 제36조제1항"으로 한다.

㉓ 부터 〈192〉 까지 생략

부칙 〈제22269호, 2010. 7. 12.〉 (고용노동부와 그 소속기관 직제)

제1조(시행일) 이 영은 공포한 날부터 시행한다. 〈단서 생략〉

제2조(다른 법령의 개정) ① 부터 ㉔ 까지 생략

㉕ 공인노무사법 시행령 일부를 다음과 같이 개정한다.

제7조제2항제5호, 제8조제2항, 제10조제2항·제3항, 제11조제2항, 제12조제5항, 제14조, 제14조의2제2항제1호·제2호 각 목 외의 부분·제3항, 제15조제1항·제2항 각 호 외의 부분·제3항, 제16조제2항부터 제4항까지, 제19조의2제1항 각 호 외의 부분·제6호·제2항 각 호 외의 부분·제5호·제3항, 제19조의3제1항 각 호 외의 부분·제2항, 제19조의5제4항 본문, 제19조의6제1항, 제20조의5제2항 각 호 외의 부분·제2호·제4호, 제20조의7제1항, 제20조의11, 제21조제1항제4호의3, 제26조 각 호 외의 부분, 제27조제1항·제2항 전단·제3항, 제28조 각 호 외의 부분 및 별표 4의 비고 중 "노동부장관"을 각각 "고용노동부장관"으로 한다.

제7조제3항, 제11조제1항, 제14조, 제15조제1항·제2항제4호·

제4항, 제16조제2항 · 제4항, 제19조제1항, 제19조의2제1항 각 호 외의 부분, 제19조의3제1항 각 호 외의 부분 및 제20조의3제1항 전단 · 후단 중 "노동부령"을 각각 "고용노동부령"으로 한다.

제7조의2, 제14조의2제2항 각 호 외의 부분 · 제1호 · 제4항, 제20조의4 및 제20조의5제2항 각 호 외의 부분 · 제2호 중 "노동부"를 각각 "고용노동부"로 한다.

제19조제1항 중 "지방노동청장"을 "지방고용노동청장"으로 한다.

제19조제1항, 제19조의2제3항, 제19조의5제4항 본문, 제19조의6제3항 본문, 제20조의2제1항 · 제2항, 제20조의3제1항 전단 · 후단 및 제28조 각 호 외의 부분 중 "지방노동관서"를 각각 "지방노동고용관서"로 한다.

㉖ 부터 〈136〉 까지 생략

부칙 〈제22467호, 2010. 11. 2.〉 (행정정보의 공동이용 및 문서감축을 위한 경제교육지원법 시행령 등 일부개정령)

이 영은 공포한 날부터 시행한다.

부칙 〈제22501호, 2010. 11. 19.〉

제1조(시행일) 이 영은 2010년 11월 26일부터 시행한다. 다만, 제17조의 개정규정은 2011년 1월 1일부터 시행한다.

제2조(보증보험 가입에 대한 경과조치) 이 영 시행 전에 종전의 규정에 따라 보증보험에 가입하고 지방고용노동관서의 장에게 신고한 보증보험은 이 영에 따라 공인노무사회에 제출한 것으로 본다.

제3조(과태료에 관한 경과조치) ① 이 영 시행 전의 위반행위에 대하여 과태료의 부과기준을 적용할 때에는 별표 4의 개정규정에도 불구하고 종전의 규정에 따른다.

② 이 영 시행 전의 위반행위로 받은 과태료 부과처분은 별표 4의 개정규정에 따른 위반행위의 횟수 산정에 포함하지 아니한다.

부칙 〈제22516호, 2010. 12. 7.〉 (근로복지기본법 시행령)

제1조(시행일) 이 영은 2010년 12월 9일부터 시행한다.

제2조 부터 제6조까지 생략

제7조(다른 법령의 개정) ① 공인노무사법 시행령 일부를 다음과 같이 개정한다.

별표 1 제14호 "「근로자복지기본법」"을 "「근로복지기본법」"으로 하고, 같은 표 제15호 "「사내근로복지기금법」"을 삭제한다.

별표 2 제1호 중 "「근로자복지기본법」"을 "「근로복지기본법」"으로 한다.

②부터 ⑩까지 생략

제8조 생략

부칙 〈제22716호, 2011. 3. 22.〉

이 영은 2011년 4월 1일부터 시행한다.

부칙 〈제23488호, 2012. 1. 6.〉 (민감정보 및 고유식별정보 처리 근거 마련을 위한 과세자료의 제출 및 관리에 관한 법률 시행

령 등 일부개정령)
제1조(시행일) 이 영은 공포한 날부터 시행한다. 〈단서 생략〉
제2조 생략

부칙 〈제23759호, 2012. 5. 1.〉 (수험생 편의제공 및 충분한 수험준비기간 부여 등을 위한 경비업법 시행령 등 일부개정령)
제1조(시행일) 이 영은 공포한 날부터 시행한다. 〈단서 생략〉
제2조(시험의 공고에 관한 적용례) 이 영 가운데 시험 등의 공고 기한을 개정하는 사항은 2013년 1월 1일 이후에 시행하는 시험부터 적용한다.

부칙 〈제24447호, 2013. 3. 23.〉 (고용노동부와 그 소속기관 직제)
제1조(시행일) 이 영은 공포한 날부터 시행한다.
제2조 생략
제3조(다른 법령의 개정) ①부터 ③까지 생략
④ 공인노무사법 시행령 일부를 다음과 같이 개정한다.
제7조제2항제2호 중 "국토해양부"를 "해양수산부"로, "해운항만청을"을 "해운항만청, 2008년 2월 28일 이전의 해양수산부 및 2013년 3월 22일 이전의 국토해양부를"로 한다.
⑤부터 ⑪까지 생략

부칙 〈제25840호, 2014. 12. 9.〉 (규제 재검토기한 설정 등

규제정비를 위한 건축법 시행령 등 일부개정령)
제1조(시행일) 이 영은 2015년 1월 1일부터 시행한다.
제2조 부터 제16조까지 생략

부칙 〈제27108호, 2016. 4. 26.〉
이 영은 2016년 4월 28일부터 시행한다.

부칙 〈제27299호, 2016. 6. 30.〉 (행정규제 정비를 위한 개발제한구역의 지정 및 관리에 관한 특별조치법 시행령 등 일부개정령)
제1조(시행일) 이 영은 2016년 7월 1일부터 시행한다. 〈단서 생략〉
제2조 부터 제15조까지 생략

부칙 〈제29029호, 2018. 7. 3.〉 (영어능력검정시험 제도 변경에 따른 공무원임용시험령 등 6개 대통령령 일부개정령)
제1조(시행일) 이 영은 공포한 날부터 시행한다.
제2조 생략

부칙 〈제29181호, 2018. 9. 18.〉 (공무원연금법 시행령)
제1조(시행일) 이 영은 2018년 9월 21일부터 시행한다.
제2조 부터 제23조까지 생략
제24조(다른 법령의 개정) ①부터 ④까지 생략
⑤ 공인노무사법 시행령 일부를 다음과 같이 개정한다.

별표 1 제32호 중 "제7장"을 "제8장"으로 하고, 같은 표 제33호를 제34호로 하며, 같은 표에 제33호를 다음과 같이 신설하고, 같은 표 제34호(종전의 제33호) 중 "제32호"를 "제33호"로 한다.

33. 「공무원 재해보상법」(같은 법 제2장 급여와 제5장 심사의 청구에 관한 규정만 해당한다)

⑥부터 ㉓까지 생략

제25조 생략

부칙 〈제29950호, 2019. 7. 2.〉 (어려운 법령용어 정비를 위한 210개 법령의 일부개정에 관한 대통령령)

이 영은 공포한 날부터 시행한다. 〈단서 생략〉

부칙 〈제30873호, 2020. 7. 28.〉

이 영은 2020년 7월 30일부터 시행한다. 다만, 별표 1 제35호의 개정규정은 2020년 8월 28일부터 시행하고, 같은 표 제36호의 개정규정은 2021년 1월 1일부터 시행한다.

부칙 〈제32169호, 2021. 11. 30.〉 (과태료 부과 합리화를 위한 6개 법령의 일부개정에 관한 대통령령)

제1조(시행일) 이 영은 공포한 날부터 시행한다.

제2조(「공인노무사법 시행령」의 개정에 관한 경과조치) 이 영 시행 전의 위반행위에 대하여 과태료의 부과기준을 적용할 때에는 「공인노무사법 시행령」 별표 4 제2호다목의 개정규정에도 불구하고 종전

의 규정에 따른다.

제3조 부터 제7조까지 생략

별표 / 서식

[별표 1] 노동 관계 법령의 범위(제2조제1항 관련)

[별표 1의2] 사회보험 관계 법령의 범위(제2조제2항 관련)

[별표 2] 공인노무사 자격시험의 과목 및 과목별 배점(제6조제1항 관련)

[별표 3] 영어과목을 대체하는 영어능력검정시험의 종류 및 합격에 필요한 점수(제6조제2항 관련)

[별표 4] 과태료의 부과기준(제27조 관련)

**개정 예정 법률 밑줄 별도 표시.

공인노무사법 시행규칙

[시행 2021. 10. 14.] [고용노동부령 제332호, 2021. 10. 14., 타법개정]

제1조(목적) 이 규칙은 「공인노무사법」 및 같은 법 시행령에서 위임된 사항과 그 시행에 필요한 사항을 규정함을 목적으로 한다.

[전문개정 2010. 12. 10.]

제2조(시험의 실시 시기) 「한국산업인력공단법」에 따른 한국산업인력공단(이하 "공단"이라 한다)은 「공인노무사법 시행령」(이하 "영"이라 한다) 제10조에 따라 공인노무사 자격시험(이하 "시험"이라 한다)의 제1차시험을 늦어도 매년 6월 30일까지 실시하여야 한다. 다만, 연 2회 이상 실시할 경우, 두 번째 이후 실시하는 시험의 제1차시험은 해당 연도 7월 이후에 실시할 수 있다.

[전문개정 2010. 12. 10.]

제2조의2(응시원서) ① 시험에 응시하려는 사람은 별지 제1호서식의 응시원서를 공단에 제출하여야 한다.

② 공단은 제1항에 따른 응시원서를 접수하였을 때에는 별지 제2호서식의 시험 응시자 명부에 해당 사항을 기록하고 응시자에게 별지 제1호서식 하단의 응시표를 발급하여야 한다.

[전문개정 2010. 12. 10.]

제3조(시험의 일부면제 신청 등) ① 영 제7조제3항에 따라 시험의

일부를 면제받으려는 사람은 다음 각 호의 서류 중 해당 서류를 별지 제1호서식의 응시원서에 첨부하여야 한다. 〈개정 2016. 4. 26., 2020. 7. 28.〉

1. 「공인노무사법」(이하 "법"이라 한다) 제3조의3제1항 및 영 제7조제2항제1호의 경력에 대한 경력증명서(「공무원 인사기록·통계 및 인사사무 처리 규정」 제4조제1항제8호에 따른 경력증명서를 말한다)

2. 영 제7조제2항제2호의 경력에 대한 별지 제5호서식의 경력증명서

3. 영 제7조제2항제3호의 경력에 대한 별지 제6호서식 또는 별지 제7호서식의 경력증명서

4. 영 제7조제2항제4호의 경력에 대한 별지 제8호서식의 경력증명서

5. 영 제7조제2항제5호의 경력에 대한 별지 제9호서식의 경력증명서

② 공단은 제1항제3호부터 제5호까지의 규정에 따른 경력증명서를 제출받은 경우 「전자정부법」 제36조제1항에 따른 행정정보의 공동이용을 통하여 제출인의 국민연금가입자가입증명, 건강보험자격득실확인서 또는 고용보험피보험자격이력내역서를 확인해야 한다. 다만, 제출인이 확인에 동의하지 않는 경우에는 해당 서류를 제출하도록 해야 한다. 〈신설 2020. 7. 28.〉

[전문개정 2010. 12. 10.]

제3조의2(수수료의 결정) ① 삭제 〈2016. 4. 26.〉

② 공단 이사장은 영 제11조제2항에 따른 승인을 받기 위하여 고

용노동부장관에게 수수료에 관한 승인신청을 하여야 하고, 고용노동부장관은 수수료에 관한 승인신청을 받으면 이해관계인의 의견을 수렴할 수 있도록 고용노동부 인터넷 홈페이지에 30일간 그 내용을 게시하여야 한다. 〈개정 2016. 4. 26.〉

③ 고용노동부장관은 제2항에 따른 기간이 경과한 후 제2항에 따라 수렴된 의견을 고려하여 수수료 금액을 승인하여야 하며, 수수료를 승인하였을 때에는 그 승인내용을 고용노동부 인터넷 홈페이지에 게시하여야 한다.

[본조신설 2011. 3. 25.]

제3조의3삭제 〈2016. 4. 26.〉

제4조(합격자 명부 작성) 영 제8조제1항에 따른 공인노무사 시험위원회의 위원장은 영 제12조제1항 및 제4항에 따라 합격자가 결정되면 합격자 명부를 작성하되, 제1차시험 및 제2차시험의 경우 별지 제10호서식에 따라 작성하여야 하고, 제3차시험의 경우 별지 제10호의2서식에 따라 작성하여야 한다.

[전문개정 2010. 12. 10.]

제4조의2(성적의 세부산출방법) ① 영 별표 2에 따른 제1차시험의 선택과목에 대한 응시자의 점수는 응시자가 선택한 과목 점수의 표준편차와 평균점수를 산출하여 제1호의 계산식에 따라 조정한 점수로 한다. 이 경우 응시자가 선택한 과목 점수의 표준편차는 제2호의 계산식에 따라 산출한다.

1. {(응시자의 점수 - 응시자가 선택한 과목의 평균점수) ÷ 응시자가 선택한 과목 점수의 표준편차 × 10} + 전체 필수과목 점수

의 평균

2. {(응시자가 선택한 과목의 점수 - 응시자가 선택한 과목의 평균점수)^2 의 총합계 ÷ (응사자가 선택한 과목의 인원수 - 1)} 의 거듭제곱근

② 제2차시험의 경우에는 각 시험위원이 채점한 점수에 대하여 해당 시험위원이 채점한 전(全) 답안지(이하 "시험위원별 답안지"라 한다) 점수의 표준편차와 평균점수를 산출하여 제1호의 계산식에 따라 조정한 점수를 각 응시자의 득점으로 하되, 시험과목 중 노동법은 제1호의 계산식에 따라 조정한 점수에 1.5를 곱하여 산출한 점수를 응시자의 득점으로 한다. 이 경우 시험위원별 답안지 점수의 표준편차는 제2호의 산식에 따라 산출한다.

1. {(시험위원이 채점한 점수 - 시험위원별 답안지 점수의 평균) ÷ 시험위원별 답안지 점수의 표준편차 × 10} + 50

2. {(시험위원별 답안지 점수 - 시험위원별 답안지 점수의 평균)^2 의 총합계 ÷ (시험위원별 답안지 수 - 1)} 의 거듭제곱근

③ 제1항 및 제2항에 따라 점수를 산출한 결과 0점 미만의 점수는 0점으로 처리하고, 만점을 초과하는 점수는 만점으로 처리한다.

[본조신설 2011. 3. 25.]

제4조의3(점수 조정에 따른 합격최저점수의 결정방법) ① 영 제12조제1항 본문에 따른 각 과목 40점 이상은 선택과목의 경우 응시자의 조정 전 점수와 제4조의2제1항에 따라 조정한 점수 중 어느 하나가 40점 이상에 해당하는 것으로 하고, 영 제12조제1항 본문에 따른 전 과목 평균 60점 이상은 필수과목 점수와 제4조의2제1항에

따라 조정한 선택과목 점수를 합한 총 득점의 평균이 60점 이상에 해당하는 것으로 한다.

② 영 제12조제1항 단서에 따른 각 과목 만점의 40퍼센트 이상은 시험위원이 채점한 점수와 제4조의2제2항에 따라 조정한 점수 중 어느 하나가 만점의 40퍼센트 이상에 해당하는 것으로 하고, 영 제12조제1항 단서에 따른 총점의 60퍼센트 이상은 제4조의2제2항에 따라 산출한 총 득점이 각 과목 만점 총합의 60퍼센트 이상에 해당하는 것으로 한다.

[본조신설 2011. 3. 25.]

제5조(자격증의 발급 신청 등) ① 영 제14조제1항에 따라 공인노무사 자격증(이하 "자격증"이라 한다)을 발급받으려는 사람은 별지 제11호서식의 자격증 발급신청서에 다음 각 호의 서류를 첨부하여 법 제24조제1항에 따른 한국공인노무사회(이하 "공인노무사회"라 한다)에 제출하여야 한다. 〈개정 2016. 4. 26.〉

1. 주민등록증 사본 등 신분을 증명할 수 있는 서류

2. 신청일 전 6개월 이내에 찍은 모자를 쓰지 않은 상반신 반명함판 사진 2장

② 영 제14조제2항에 따른 자격증은 별지 제12호서식에 따른다. 〈개정 2016. 4. 26.〉

③ 영 제14조제3항에 따라 자격증을 다시 발급받으려는 사람은 별지 제11호서식의 자격증 재발급신청서에 자격증(자격증을 잃어버린 경우는 제외한다)과 사유서를 첨부하여 공인노무사회에 제출하여야 한다. 〈개정 2016. 4. 26.〉

④ 영 제14조제4항에 따른 자격증 발급대장은 별지 제13호서식에 따른다. 〈개정 2016. 4. 26.〉

[전문개정 2010. 12. 10.]

제6조(직무개시등록신청) ① 영 제15조제1항에 따라 직무개시 등록을 하려는 사람은 별지 제14호서식의 직무개시 등록신청서에 신청일 전 6개월 이내에 찍은 모자를 쓰지 않은 상반신 반명함판 사진 1장을 붙여 공인노무사회에 제출하여야 한다. 〈개정 2016. 4. 26.〉

② 공인노무사회는 제1항에 따라 직무개시 등록신청서가 접수되었을 때에는 신원조회 등을 통하여 신청인이 법 제5조제2항에 따른 등록 거부 사유에 해당되는지를 확인하여야 한다. 이 경우 신청인이 법 제5조제2항 각 호의 어느 하나에 해당할 때에는 법 제5조제2항 및 제3항에 따라 등록을 거부하고 신청인에게 그 사유를 알려 주어야 한다.

③ 영 제15조제2항에 따른 공인노무사 직무개시 등록부 및 등록증은 각각 별지 제15호서식 및 별지 제16호서식에 따르고, 등록증을 발급하거나 재발급한 공인노무사회는 별지 제17호서식의 발급대장에 해당 사실을 기록하여야 한다.

④ 영 제15조제2항제4호에서 "고용노동부령으로 정하는 사항"이란 개업·휴업 및 폐업 현황, 등록사항 변경 현황, 직무보조원 현황을 말한다.

⑤ 법 제5조제1항에 따라 등록을 한 공인노무사(이하 "개업노무사"라 한다)가 영 제15조제3항에 따라 등록사항이 변경되거나 휴업을 한 사실을 알리려는 경우에는 별지 제14호서식의 신고서를 작성

하여 공인노무사회에 제출하여야 한다.

[전문개정 2010. 12. 10.]

제6조의2(등록증 재발급 신청) 영 제15조제4항에 따라 등록증을 잃어버리거나 등록증이 헐어 못 쓰게 되거나 등록사항의 변경을 알리게 되어 등록증을 다시 발급받으려는 사람은 별지 제20호서식의 직무개시 등록증 재발급신청서에 등록증(등록증을 잃어버린 경우는 제외한다)과 사유서를 첨부하여 공인노무사회에 제출하여야 한다.

[전문개정 2010. 12. 10.]

제7조(연수교육) ① 영 제16조제2항에 따라 연수교육을 실시하는 기관(이하 "연수교육기관"이라 한다)은 다음 각 호와 같다.

1. 공인노무사회

2. 「한국산업인력공단법」 제26조에 따라 공단 산하에 두는 「사립학교법」에 따른 학교

② 영 제16조제3항에 따른 직무교육 및 실무수습은 별표의 연수교육기준에 따라 실시하여야 한다.

③ 연수교육의 방법 · 절차와 그 밖에 필요한 사항은 연수교육기관이 교육운영계획을 작성하여 고용노동부장관에게 보고한 후 확정하여 운영한다.

[전문개정 2010. 12. 10.]

제7조의2(보수교육의 절차 · 방법) ① 법 제5조의2제2항에 따른 보수교육의 절차 · 방법에 관한 사항은 보수교육을 실시하는 기관(이하 "지정교육기관"이라 한다)이 교육운영계획을 작성하여 고용노동부장관에게 보고한 후 확정하여 운영한다.

② 지정교육기관은 교육 시간·내용 등 보수교육 실시 결과를 기록·유지하고 교육을 받은 개업노무사에게 교육이수증을 발급하여야 한다.

[본조신설 2010. 12. 10.]

제7조의3(보수교육의 면제) ① 법 제5조의2제2항 단서에 따라 개업노무사가 질병·휴업·고령 등의 사유로 보수교육을 받을 수 없는 경우에는 공인노무사회에 보수교육의 면제를 신청하여야 한다.

② 제1항에 따른 보수교육 면제 신청을 받은 공인노무사회는 그 처리 결과를 신청인에게 알리고 이를 기록·유지하여야 한다.

[본조신설 2010. 12. 10.]

제8조삭제 〈1998. 5. 11.〉

제9조삭제 〈2016. 4. 26.〉

제10조삭제 〈2016. 4. 26.〉

제10조의2(노무법인 설립인가 신청) ① 영 제19조의2제1항에 따른 노무법인 설립인가신청서는 별지 제23호서식에 따른다.

② 제1항에 따른 신청서를 제출 받은 지방고용노동관서의 장은 신원조회 등을 통하여 노무법인의 사원이 되려는 사람이 법 제4조에 따른 결격사유 및 법 제7조의3제2항에 따른 사유에 해당되는지를 확인하여야 한다.

[전문개정 2010. 12. 10.]

제10조의3(노무법인의 설립인가 등) 영 제19조의2제2항에 따른 노무법인 인가대장 및 노무법인 설립인가증은 각각 별지 제24호서식 및 별지 제25호서식에 따른다.

[전문개정 2010. 12. 10.]

제10조의4(정관 변경의 인가 신청등) 영 제19조의3제1항에 따른 정관 변경인가 신청서는 별지 제26호서식에 따르고, 영 제19조의3제2항에 따른 노무법인 정관 변경인가증은 별지 제27호서식에 따른다.

[전문개정 2010. 12. 10.]

제10조의5(노무법인 해산신고) 법 제7조의5제2항에 따라 노무법인이 해산한 경우에 청산인은 별지 제28호서식의 노무법인 해산신고서에 해산을 증명하는 서류를 첨부하여 지방고용노동관서의 장에게 제출하여야 한다.

[전문개정 2010. 12. 10.]

제11조(폐업신고) 개업노무사가 법 제9조에 따라 폐업하려면 별지 제29호서식의 폐업신고서에 등록증을 첨부하여 공인노무사회에 제출(전자문서에 의한 제출을 포함한다)하여야 한다. 〈개정 2016. 10. 20.〉

[전문개정 2010. 12. 10.]

제11조의2삭제 〈1998. 5. 11.〉

제12조(기명하거나 날인하는 경우의 표기사항) 개업노무사가 법 제12조제2항에 따라 그가 작성하거나 확인한 서류에 기명하거나 날인하는 경우에는 다음 사항이 함께 표기되어야 한다.

1. 개업 등록번호
2. 사무소의 명칭, 소재지 및 전화번호

[전문개정 2010. 12. 10.]

제12조의2(보증보험 가입신고) ① 영 제20조의2 및 제20조의3제2항에 따른 보증보험 가입신고는 별지 제31호의2서식에 따른다.

② 영 제20조의2제1항 및 제2항에 따른 증명서류는 보증보험증서 사본으로 한다.

[전문개정 2010. 12. 10.]

제12조의3(보증보험금의 지급) 영 제20조의3제1항 전단에 따른 신청서는 별지 제31호의3서식에 따르고, 같은 항 후단에 따른 보증보험금 지급 사유 발생확인서는 별지 제31호의4서식에 따른다.

[전문개정 2010. 12. 10.]

제12조의4삭제 〈1999. 4. 20.〉

제12조의5삭제 〈1999. 4. 20.〉

제13조(장부 등의 비치) 개업노무사가 법 제17조제1항에 따라 그 사무소에 갖추어 두어야 하는 장부의 종류는 다음 각 호와 같다. 〈개정 2020. 7. 28.〉

1. 별지 제32호서식에 따른 공인노무사 업무 처리부
2. 업무의 위탁·수탁계약서
3. 직무보조원 임면부(任免簿)
4. 공인노무사의 직무상 수입 관련 서류

[전문개정 2010. 12. 10.]

제13조의2삭제 〈1999. 4. 20.〉

제13조의3(증표) 법 제18조제3항에 따른 관계 공무원의 권한을 표시하는 증표는 별지 제34호서식에 따른다.

[전문개정 2010. 12. 10.]

제13조의4(징계 요구 등) 영 제20조의7제1항에 따른 징계의결의 요구는 별지 제34호의2서식의 공인노무사 징계요구서에 따르고, 영

제20조의11에 따른 징계의결의 통보는 별지 제34호의3서식의 징계의결 통보서에 따른다.

[전문개정 2010. 12. 10.]

제13조의5삭제 〈1999. 4. 20.〉

제13조의6(취약계층의 지원 등) ① 법 제26조의2제3항에 따라 공인노무사가 사회취약계층을 지원한 경우는 사회취약계층을 대상으로 다음 각 호의 업무를 지원한 경우로 한다. 〈개정 2016. 4. 26., 2020. 7. 28., 2021. 10. 14.〉

1. 「노동위원회법」 제6조의2에 따른 같은 법 제2조의2제1호 중 판정·승인·인정 또는 차별적 처우 시정 등에 관한 사건에 있어서의 권리구제업무의 대리

2. 「임금채권보장법」 제7조제5항에 따른 대지급금 청구서 작성, 사실확인 등에 관한 지원

3. 그 밖에 국가 또는 공공기관의 요청에 따라 공인노무사가 사회취약계층을 지원한 업무 중 고용노동부장관이 정한 업무

② 법 제26조의2에 따라 사회취약계층을 지원한 개업노무사에게 법 제26조의2제3항에 따른 보수교육을 받은 것으로 인정할 수 있는 시간은 고용노동부장관이 정한다.

[본조신설 2010. 12. 10.]

제14조삭제 〈2010. 12. 10.〉

제15조(대장의 기록) ① 지방고용노동관서의 장은 제10조의5에 따른 노무법인 해산신고서가 접수되었을 때에는 별지 제35호서식의 공인노무사사무소 공용대장에 그 사실을 기록하여야 한다.

② 공인노무사회는 다음 각 호의 신고를 받았을 때에는 해당 사실을 별지 제35호서식의 공인노무사사무소 공용대장에 기록하여야 한다.

1. 삭제 〈2016. 4. 26.〉

2. 제11조에 따른 폐업신고

[전문개정 2010. 12. 10.]

제16조(각종 보고) ① 지방고용노동관서의 장은 다음 각 호의 업무를 했을 때에는 지체 없이 이를 고용노동부장관에게 보고해야 한다. 〈개정 2020. 7. 28.〉

1. 제10조의2에 따른 노무법인 설립인가

2. 제10조의4에 따른 노무법인 정관 변경인가

3. 제10조의5에 따른 노무법인 해산신고의 접수

② 공인노무사회의 장은 다음 각 호의 업무를 했을 때에는 지체 없이 이를 고용노동부장관에게 보고해야 한다. 다만, 「전자정부법」 제36조제1항에 따른 행정정보의 공동이용을 통하여 다음 각 호의 사실을 확인할 수 있는 경우에는 그 확인으로 보고를 갈음할 수 있다. 〈개정 2020. 7. 28.〉

1. 법 제19조에 따른 등록취소

2. 제6조에 따른 등록증의 발급 · 재발급, 등록사항 변경 또는 휴업 사실 통지의 접수

3. 삭제 〈2016. 4. 26.〉

4. 제11조에 따른 폐업신고의 접수

[전문개정 2010. 12. 10.]

제17조(규제의 재검토) 고용노동부장관은 다음 각 호의 사항에 대하여 다음 각 호의 기준일을 기준으로 매 3년마다(매 3년이 되는 해의 기준일과 같은 날 전까지를 말한다) 그 타당성을 검토하여 개선 등의 조치를 하여야 한다.

1. 삭제 〈2019. 12. 23.〉
2. 삭제 〈2019. 12. 23.〉
3. 제7조에 따른 연수교육: 2017년 1월 1일
4. 삭제 〈2019. 12. 23.〉
5. 삭제 〈2019. 12. 23.〉
6. 삭제 〈2019. 12. 23.〉

[전문개정 2016. 10. 20.]

부칙 〈제32호, 1985. 9. 28.〉

이 규칙은 공포한 날로부터 시행한다.

부칙 〈제39호, 1987. 5. 15.〉

이 규칙은 공포한 날로부터 시행한다.

부칙 〈제43호, 1988. 4. 8.〉

이 규칙은 공포한 날로부터 시행한다.

부칙 〈제64호, 1991. 3. 27.〉

①(시행일) 이 규칙은 공포한 날부터 시행한다.

②(시험실시시기에 관한 경과조치) 이 규칙 시행후 최초로 실시하는 시험은 제2조의 규정에 불구하고 제1차시험을 당해연도 7월말까지 실시할 수 있다.

③(등록증교부에 관한 경과조치) 이 규칙 시행당시 종전의 규정에 의하여 공인노무사개업허가증서를 교부받은 자는 이 규칙 시행일부터 60일이내에 제6조의2의 규정을 준용하여 등록증을 재교부받아야 한다.

④(서식에 관한 경과조치) 이 규칙 시행후 최초로 실시하는 시험에서는 종전의 별지 제1호서식 및 별지 제3호서식을 사용한다.

부칙 〈제109호, 1996. 7. 2.〉

이 규칙은 공포한 날로부터 시행한다. 다만, 제2조, 제12조의2 및 제12조의3의 개정규정은 1997년 1월 1일부터 시행한다.

부칙 〈제128호, 1998. 5. 11.〉

이 규칙은 공포한 날로부터 시행한다.

부칙 〈제150호, 1999. 4. 20.〉

이 규칙은 공포한 날부터 시행한다.

부칙 〈제170호, 2001. 4. 14.〉

이 규칙은 공포한 날부터 시행한다.

부칙 〈제248호, 2006. 3. 2.〉 (노동부와 그 소속기관 직제 시행규칙)

제1조 (시행일) 이 규칙은 공포한 날부터 시행한다.

제2조 내지 제5조 생략

제6조 (다른 법령의 개정) ①내지 ③생략

④「공인노무사법 시행규칙」 일부를 다음과 같이 개정한다.

제6조제1항중 "지방노동사무소장"을 "지청장"으로, 동조제4항중 "지방노동사무소"를 "지청"으로 한다.

⑤생략

제7조 생략

부칙 〈제267호, 2007. 3. 5.〉

이 규칙은 2007년 7월 1일부터 시행한다. 다만, 제2조의2의 개정 규정은 공포한 날부터 시행한다.

부칙 〈제298호, 2008. 3. 3.〉 (노동부와 그 소속기관 직제 시행규칙)

제1조 (시행일) 이 규칙은 공포한 날부터 시행한다. 〈단서 생략〉

제2조 부터 제3조까지 생략

제4조 (다른 법령의 개정) ① 공인노무사법 시행규칙 일부를 다음과 같이 개정한다.

별지 제5호서식 중 "해양수산부선원근로감독관"을 "국토해양부 선원근로감독관"으로 한다.

② 부터 ⑥ 까지 생략

부칙 〈제1호, 2010. 7. 12.〉 (고용노동부와 그 소속기관 직제 시행규칙)

제1조(시행일) 이 규칙은 공포한 날부터 시행한다. 〈단서 생략〉

제2조(다른 법령의 개정) ① 부터 ⑦ 까지 생략

⑧ 공인노무사법 시행규칙 일부를 다음과 같이 개정한다.

제5조제1항 각 호 외의 부분·제2항부터 제4항까지, 제16조 각 호 외의 부분, 별지 제11호서식 앞쪽, 별지 제12호서식, 별지 제34호서식 뒤쪽 제1호·제2호, 별지 제34호의2서식 및 별지 제34호의3서식 중 "노동부장관"을 각각 "고용노동부장관"으로 한다.

제6조제1항 전단 중 "지방노동청장"을 "지방고용노동청장"으로 한다.

제6조제1항 전단·후단·제2항·제4항 본문·단서·제5항, 제6조의2, 제10조제2항·제3항 각 호 외의 부분, 제10조의2제2항, 제10조의5, 제11조, 제15조, 제16조 각 호 외의 부분, 별지 제14호서식 뒤쪽, 별지 제18호서식 뒤쪽, 별지 제19호서식 뒤쪽, 별지 제20호서식 뒤쪽, 별지 제22호서식 뒤쪽, 별지 제23호서식 뒤쪽, 별지 제26호서식 뒤쪽, 별지 제28호서식 뒤쪽, 별지 제29호서식 뒤쪽, 별지 제31호의3서식 뒤쪽 중 "지방노동관서"를 각각 "지방고용노동관서"로 한다.

제6조제3항 및 제7조제2항·제3항 중 "노동부령"을 각각 "고용노동부령"으로 한다.

제6조제4항 단서 중 "지방노동청"을 "지방고용노동청"으로 한다.

별지 제11호서식 뒤쪽 중 “노동부”를 “고용노동부”로 한다.

별지 제14호서식 앞쪽, 별지 제18호서식 앞쪽, 별지 제19호서식 앞쪽, 별지 제20호서식 앞쪽, 별지 제22호서식 앞쪽, 별지 제29호서식 앞쪽, 별지 제31호의2서식, 별지 제31호의3서식 앞쪽 및 별지 제31호의4서식 중 "지방노동(청, 사무소)장“을 각각 ”지방고용노동(청, 지청)장"으로 한다.

별지 제19호서식 앞쪽 중 “지방노동(청, 사무소)"를 "지방고용노동(청, 지청)”으로 한다.

⑨ 부터 ㊱ 까지 생략

부칙 〈제10호, 2010. 12. 10.〉

제1조(시행일) 이 규칙은 공포한 날부터 시행한다. 다만, 제7조의2 및 제7조의3의 개정규정은 2011년 1월 1일부터 시행하고, 제13조의6제1항제2호의 개정규정은 2012년 1월 1일부터 시행한다.

제2조(등록 신청 등에 관한 경과조치) 이 규칙 시행 당시 제출된 공인노무사 직무개시의 등록신청서 및 등록사항 변경신고서, 공인노무사합동사무소 설치·변경 신고서, 공인노무사 폐업신고서의 처리는 제6조제1항·제5항, 제10조제2항·제3항 및 제11조의 개정규정에도 불구하고 종전의 규정에 따른다.

부칙 〈제24호, 2011. 3. 25.〉

이 규칙은 2011년 4월 1일부터 시행한다.

부칙 〈제48호, 2012. 2. 9.〉 (고유식별정보 처리 제한에 따른 경력단절여성등의 경제활동 촉진법 시행규칙 등 일부개정령)

제1조(시행일) 이 규칙은 공포한 날부터 시행한다.

제2조(서식에 관한 경과조치) 이 규칙 시행 당시 종전의 규정에 따라 사용 중인 서식은 계속하여 사용하되, 이 규칙에 따라 "주민등록번호"가 "생년월일"로 개정된 부분은 수정하여 사용한다.

부칙 〈제78호, 2013. 3. 23.〉 (고용노동부와 그 소속기관 직제 시행규칙)

제1조(시행일) 이 영은 공포한 날부터 시행한다.

제2조 생략

제3조(다른 법령의 개정) ① 공인노무사법 시행규칙 일부를 다음과 같이 개정한다.

별지 제5호서식 제명 중 "국토해양부"를 "해양수산부"로 한다.

②부터 ④까지 생략

부칙 〈제117호, 2014. 12. 31.〉 (규제 재검토기한 설정을 위한 건설근로자의 고용개선 등에 관한 법률 시행규칙 등 일부개정령)

이 규칙은 2015년 1월 1일부터 시행한다.

부칙 〈제154호, 2016. 4. 26.〉

이 규칙은 2016년 4월 28일부터 시행한다.

부칙 〈제168호, 2016. 10. 20.〉 (규제의 재검토 주기 조정 등을 위한 건설근로자의 고용개선 등에 관한 법률 시행규칙 등 일부개정령)

이 규칙은 공포한 날부터 시행한다.

부칙 〈제185호, 2017. 4. 19.〉 (주민등록번호 수집 최소화를 위한 고용노동부 소관 비영리법인의 설립 및 감독에 관한 규칙 등 일부개정령)

제1조(시행일) 이 규칙은 공포한 날부터 시행한다.

제2조 및 제3조 생략

제4조(「공인노무사법 시행규칙」의 개정에 따른 적용례) 「공인노무사법 시행규칙」 별지 제31호의3서식의 개정규정은 이 규칙 시행 당시 보증보험금 지급 사유 확인 신청 절차가 진행 중인 경우에 대해서도 적용한다.

부칙 〈제270호, 2019. 12. 23.〉 (규제 재검토기한 설정 해제를 위한 9개 고용노동부령의 일부개정에 관한 고용노동부령)

이 규칙은 공포한 날부터 시행한다.

부칙 〈제289호, 2020. 7. 28.〉

이 규칙은 2020년 7월 30일부터 시행한다.

부칙 〈제332호, 2021. 10. 14.〉 (임금채권보장법 시행규칙)

제1조(시행일) 이 규칙은 2021년 10월 14일부터 시행한다.

제2조 및 제3조 생략

제4조(다른 법령의 개정) ① 생략

② 공인노무사법 시행규칙 일부를 다음과 같이 개정한다.

제13조의6제1항제2호 중 "체당금 청구서"를 "대지급금 청구서"로 한다.

별표 / 서식

[별표] 공인노무사 연수교육기준(제7조제2항 관련)

[별지 제1호서식] 공인노무사 자격시험 응시원서

[별지 제2호서식] 공인노무사 자격시험 응시자 명부

[별지 제3호서식] 삭제 〈1991.3.27〉

[별지 제4호서식] 삭제 〈1988.4.8〉

[별지 제5호서식] (지방자치단체 노동행정, 해양수산부 선원근로감독관) 경력증명서

[별지 제6호서식] 단위노동조합업무 전담경력증명서

[별지 제7호서식] (산업별 연합단체, 총연합단체) 노동조합업무 전담경력증명서

[별지 제8호서식] 사업장 노무관리업무 전담경력증명서

[별지 제9호서식] 사용자단체 노무관리 지도업무 전담경력증명서

[별지 제10호서식] 공인노무사 자격시험 합격자 명부

[별지 제10호의2서식] 공인노무사 자격시험 최종합격자 명부

[별지 제11호서식] 공인노무사 자격증(발급, 재발급)신청서

[별지 제12호서식] 공인노무사 자격증

[별지 제13호서식] 공인노무사 자격증 발급대장

[별지 제14호서식] 공인노무사 (직무개시 등록신청서, 등록사항 변경신고서, 휴업신고서)

[별지 제15호서식] 공인노무사 직무개시 등록부

[별지 제16호서식] 공인노무사 직무개시 등록증

[별지 제17호서식] 공인노무사 직무개시 등록증 발급대장

[별지 제18호서식] 삭제 〈2010.12.10〉

[별지 제19호서식] 삭제 〈2010.12.10〉

[별지 제20호서식] 공인노무사 직무개시 등록증 재발급신청서

[별지 제21호서식] 삭제 〈1998.5.11〉

[별지 제22호서식] 삭제 〈 2016. 4. 26.〉

[별지 제23호서식] 노무법인 설립인가신청서

[별지 제24호서식] 노무법인 인가대장

[별지 제25호서식] 노무법인 설립인가증

[별지 제26호서식] 노무법인 정관 변경인가 신청서

[별지 제27호서식] 노무법인 정관 변경인가증

[별지 제28호서식] 노무법인 해산신고서

[별지 제29호서식] 공인노무사 폐업신고서

[별지 제30호서식] 삭제 〈1998.5.11〉

[별지 제31호서식] 삭제 〈1998.5.11〉

[별지 제31호의2서식] 보증보험 가입신고서

[별지 제31호의3서식] 보증보험금 지급 사유 발생확인신청서

[별지 제31호의4서식] 보증보험금 지급 사유 발생확인서

[별지 제31호의5서식] 삭제 〈1999.4.20〉

[별지 제31호의6서식] 삭제 〈1999.4.20〉

[별지 제32호서식] 공인노무사 업무 처리부

[별지 제33호서식] 삭제 〈1999.4.20〉

[별지 제34호서식] 증표

[별지 제34호의2서식] 공인노무사 징계요구서

[별지 제34호의3서식] 징계의결 통보서

[별지 제35호서식] 공인노무사사무소(법인) 공용대장

대한민국 법령 시리즈 251.

공인노무사법

법령 / 시행령 / 시행규칙

2022년 1월 28일 인쇄 정가 11,000원
2022년 2월 8일 발행

저 자 법제처 국가법령정보센터
편 집 송영미
발 행 인 조준형 http://www.hgbookpub.com
발 행 처 해광출판사 E-mail : mwdangbook@hanmail.net
주 소 부산광역시 중구 해관로 41-1 (중앙동2가)
전화번호 (051) 253-0001 팩스 (051) 245-1187
등 록 제 2012-000005호

해광출판사에서는 여러분의 소중한 원고와 함께 할 기회를 기다리고 있습니다. 책으로 엮을 원고나 아이디어가 있으신 분들은 이메일 mwdangbook@hanmail.net로 책에 대한 간단한 개요와 원고 전체 또는 일부를 연락처와 함께 보내주십시오.

ISBN 979-11-6881-054-9

※ 본 도서는 〈공공데이터 제공 및 이용 활성화에 관한 법률〉을 근거로 출판되었습니다.

해광출판사 법령 시리즈

001. 선원법
002. 어선법
003. 선박직원법
004. 해사안전법
005. 해양환경관리법
006. 선박의 입항 및 출항등에 관한 법률
007. 학교안전사고예방 및 보상에 관한 법률
008. 종합부동산세법
009. 방위사업법
010. 행정규제기본법
011. 식품산업진흥법
012. 위험물안전관리법
013. 화재예방, 소방시설 설치·유지 및 안전관리에 관한 법률
014. 도시가스사업법
015. 실내공기질관리법
016. 지방세법
017. 소득세법
018. 법인세법
019. 도선법
020. 선박안전법
021. 선박법
022. 수산업법
023. 고압가스안전관리법
024. 국민연금법
025. 공동주택관리법
026. 화학물질관리법
027. 어선원 및 어선 재해보상보험법
028. 장기등 이식에 관한 법률
029. 자연재해대책법
030. 공유재산 및 물품 관리법
031. 산업입지 및 개발에 관한 법률
032. 부정경쟁방지 및 영업비밀보호에 관한 법률
033. 금융지주회사법
034. 온실가스 배출권의 할당 및 거래에 관한 법률
035. 건축사법
036. 산림문화휴양에 관한 법률
037. 전기사업법
038. 사립학교법
039. 고등교육법
040. 액화석유가스의 안전관리 및 사업법
041. 선박투자회사법
042. 수산자원관리법
043. 위험물선박운송및저장규칙
044. 선박평형수관리법
045. 주택임대차보호법
046. 상가건물임대차보호법
047. 지방공기업법
048. 승강기안전관리법
049. 수목원·정원의 조성 및 진흥에 관한 법률
050. 민법
051. 치료감호 등에 관한 법률
052. 대부업 등의 등록 및 금융이용자 보호에 관한 법률
053. 사료관리법
054. 무형문화재 보전 및 진흥에 관한 법률
055. 총포·도검·화약류 등의 안전관리에 관한 법률
056. 경찰관직무집행법
057. 시설물의 안전 및 유지관리에 관한 특별법
058. 수산생물질병 관리법
059. 소비자기본법
060. 국제선박등록법
061. 정보통신망 이용촉진 및 정보보호 등에 관한 법률
062. 해운법
063. 농수산물 품질관리법
064. 수산업협동조합법
065. 해외건설촉진법
066. 수상레저안전법
067. 공무원재해보상법
068. 수상에서의 수색·구조 등에 관한 법률
069. 어촌어항법
070. 항만법
071. 항만운송사업법
072. 해양경비법
073. 해양사고의 조사 및 심판에 관한 법률
074. 외국인근로자의 고용 등에 관한 법률
075. 중소기업기본법
076. 자유무역지역의 지정 및 운영에 관한 법률
077. 대기환경보전법
078. 소음진동관리법
079. 폐기물관리법
080. 하수도법
081. 물환경보전법
082. 토양환경보전법
083. 환경정책기본법
084. 산업재해보상보험법
085. 관세법
086. 노동조합 및 노동관계조정법
087. 근로기준법
088. 군인연금법
089. 먹는물관리법
090. 기술보증기금법
091. 관광진흥법
092. 감염병의 예방 및 관리에 관한 법률
093. 사법경찰관리의 직무를 수행할 자와 그 직무범위에 관한 법률
094. 수의사법
095. 가정폭력방지 및 피해자보호 등에 관한 법률
096. 환경영향평가법
097. 체육시설의 설치 · 이용에 관한 법률
098. 장사 등에 관한 법률
099. 상호저축은행법
100. 은행법
101. 보호관찰 등에 관한 법률
102. 형법
103. 자동차관리법
104. 형사소송법
105. 전자금융거래법
106. 마약류 불법거래 방지에 관한 특례법
107. 도로법
108. 주세법
109. 변리사법
110. 하천법
111. 중소기업진흥에 관한 법률
112. 발달장애인 권리보장 및 지원에 관한 법률
113. 주택법
114. 장애인복지법
115. 농어업경영체 육성 및 지원에 관한 법률
116. 공인중개사법
117. 건강기능식품에 관한 법률
118. 예비군법
119. 개발제한구역의 지정 및 관리에 관한 특별조치법
120. 국유재산법
121. 주차장법
122. 환경기술 및 환경산업 지원법
123. 대기관리권역의 대기환경개선에 관한 특별법
124. 악취방지법
125. 미세먼지 저감 및 관리에 관한 특별법
126. 가축분뇨의 관리 및 이용에 관한 법률
127. 물의 재이용 촉진 및 지원에 관한 법률
128. 물관리기본법
129. 물관리기술 발전 및 물산업 진흥에 관한 법률
130. 자원의 절약과 재활용촉진에 관한 법률

해광출판사 법령 시리즈

131. 전기 · 전자제품 및 자동차의 자원순환에 관한 법률
132. 건설폐기물의 재활용촉진에 관한 법률
133. 수도권매립지관리공사의 설립 및 운영 등에 관한 법률
134. 폐기물의 국가 간 이동 및 그 처리에 관한 법률
135. 폐기물처리시설 설치촉진 및 주변지역지원 등에 관한 법률
136. 자원순환기본법
137. 잔류성오염물질 관리법
138. 환경분쟁 조정법
139. 화학물질의 등록 및 평가 등에 관한 법률
140. 환경오염시설의 통합관리에 관한 법률
141. 환경오염피해 배상책임 및 구제에 관한 법률
142. 중소기업제품 구매촉진 및 판로지원에 관한 법률
143. 환경개선비용 부담법
144. 환경분야 시험·검사 등에 관한 법률
145. 환경친화적 산업구조로의 전환촉진에 관한 법률
146. 환경친화적 자동차의 개발 및 보급 촉진에 관한 법률
147. 환경범죄 등의 단속 및 가중처벌에 관한 법률
148. 생명윤리 및 안전에 관한 법률
149. 장애인차별금지 및 권리구제 등에 관한 법률
150. 부동산투자회사법
151. 정치자금법
152. 과학기술기본법
153. 대리점거래의 공정화에 관한 법률
154. 상속세 및 증여세법
155. 학원의 설립 · 운영 및 과외교습에 관한 법률
156. 해양심층수의 개발 및 관리에 관한 법률
157. 전기용품 및 생활용품 안전관리법
158. 사회기반시설에 대한 민간투자법
159. 공직선거법
160. 정당법
161. 유류오염손해배상 보장법
162. 부정청탁 및 금품등 수수의 금지에 관한 법률
163. 항로표지법
164. 어장관리법
165. 민방위기본법
166. 공직자윤리법
167. 선거관리위원회법
168. 유선 및 도선 사업법
169. 전기공사업법
170. 사회복지사업법
171. 택지개발촉진법
172. 국가공무원법
173. 민간임대주택에 관한 특별법
174. 어음법·수표법
175. 민사집행법
176. 상법
177. 문화예술진흥법
178. 중소기업협동조합법
179. 농업협동조합법
180. 도로교통법
181. 의료사고 피해구제 및 의료분쟁 조정 등에 관한 법률
182. 산림보호법
183. 소년법
184. 동물보호법
185. 건축물관리법
186. 도시개발법
187. 화물자동차 운수사업법
188. 도시 및 주거환경정비법
189. 의료법
190. 국회법
191. 응급의료에 관한 법률
192. 출입국관리법
193. 노인복지법
194. 산림자원의 조성 및 관리에 관한 법률
195. 청소년 보호법
196. 초 · 중등교육법
197. 혁신도시 조성 및 발전에 관한 특별법
198. 경제자유구역의 지정 및 운영에 관한 특별법
199. 공공기관의 운영에 관한 법률
200. 대한민국헌법
201. 국민기초생활 보장법
202. 저작권법
203. 가사소송법
204. 국가유공자 등 예우 및 지원에 관한 법률
205. 국민체육진흥법
206. 전통주 등의 산업진흥에 관한 법률
207. 재난 및 안전관리 기본법
208. 정보통신공사업법
209. 주식회사 등의 외부감사에 관한 법률
210. 공익사업을 위한 토지 등의 취득 및 보상에 관한 법률
211. 개인정보 보호법
212. 국세기본법
213. 에너지이용 합리화법
214. 감정평가 및 감정평가사에 관한 법률
215. 국가인권위원회법
216. 가맹사업거래의 공정화에 관한 법률
217. 보건의료기본법
218. 산업안전보건법
219. 법무사법
220. 교육공무원법
221. 특허법
222. 민사소송법
223. 아동복지법
224. 전파법
225. 하도급거래 공정화에 관한 법률
226. 기초연금법
227. 사립학교교직원 연금법
228. 직업안정법
229. 장애아동 복지지원법
230. 부동산등기법
231. 자동차손해배상 보장법
232. 철도안전법
233. 항공안전법
234. 전자상거래 등에서의 소비자보호에 관한 법률
235. 독점규제 및 공정거래에 관한 법률
236. 상표법
237. 채무자 회생 및 파산에 관한 법률
238. 공무원연금법
239. 축산법
240. 근로복지기본법
241. 민원 처리에 관한 법률
242. 약사법
243. 방문판매 등에 관한 법률
244. 건축기본법
245. 지방세기본법
246. 지방세징수법
247. 지방자치법
248. 도시교통정비 촉진법
249. 공공주택 특별법
250. 국세징수법
251. 공인노무사법

*** 해광출판사의 법령 시리즈는 계속 발행 됩니다.**